2024

企业研发活动情况统计年鉴

国家统计局社会科技
和文化产业统计司 编

中国统计出版社
China Statistics Press

图书在版编目（CIP）数据

企业研发活动情况统计年鉴. 2024 / 国家统计局社会科技和文化产业统计司编. -- 北京 : 中国统计出版社, 2024. 11. -- ISBN 978-7-5230-0586-6
I. F279.23-54
中国国家版本馆 CIP 数据核字第 2024AU8532 号

企业研发活动情况统计年鉴 2024

作　　者/国家统计局社会科技和文化产业统计司
责任编辑/张　怡
执行编辑/刘　晨
封面设计/李雪燕　张　冰
出版发行/中国统计出版社有限公司
通信地址/北京市丰台区西三环南路甲 6 号　邮政编码/100073
发行电话/邮购（010）63376909　书店（010）68783171
网　　址/http://www.zgtjcbs.com/
印　　刷/北京捷迅佳彩印刷有限公司
经　　销/新华书店
开　　本/890mm×1240mm　1/16
字　　数/360 千字
印　　张/15
版　　别/2024 年 11 月第 1 版
版　　次/2024 年 11 月第 1 次印刷
定　　价/280.00 元

《企业研发活动情况统计年鉴 2024》
编委会、编辑工作人员

编者说明

《企业研发活动情况统计年鉴 2024》收录了全国及 31 个省、自治区、直辖市 2023 年规模以上全部企业和工业企业研发活动主要统计数据，是一部较为全面反映我国企业研发活动开展情况的统计资料书。

本书分为两个部分，分别为工业企业研发活动情况和非工业企业研发活动情况，具体包括企业 R&D 及相关活动主要指标、企业基本情况、R&D 人员情况、R&D 经费情况、企业办研发机构情况、新产品开发及销售情况、自主知识产权及相关情况、政府相关政策落实情况、技术获取和技术改造情况等。书后附有主要统计指标解释。

本年鉴所涉及的全国性统计数据，均未包括香港、澳门特别行政区和台湾省数据。

本书数据的年份为 2023 年；数据口径为规模以上采矿业，制造业，电力、热力、燃气及水生产和供应业法人单位；特、一级总承包、专业承包建筑业法人单位；规模以上交通运输、仓储和邮政业，信息传输、软件和信息技术服务业，租赁和商务服务业，科学研究和技术服务业，水利、环境和公共设施管理业，卫生和社会工作，文化、体育和娱乐业等法人单位。按地区分组中，东部地区包括北京、天津、河北、上海、江苏、浙江、福建、山东、广东和海南 10 个省市；中部地区包括山西、安徽、江西、河南、湖北和湖南 6 个省；西部地区包括内蒙古、广西、重庆、四川、贵州、云南、西藏、陕西、甘肃、青海、宁夏和新疆 12 个省区市；东北地区包括辽宁、吉林和黑龙江 3 个省。

根据国家统计局会同市场监管总局对《关于划分企业登记注册类型的规定》(国统字〔2011〕86 号) 进行修订，联合印发《关于市场主体统计分类的划分规定》(国统字〔2023〕14 号) (以下简称“新标准”)，本年鉴对相关分组按“新标准”作出相应调整。

书中因小数取舍而产生的误差均未作配平调整；各表中的“空格”表示该项统计指标数据不足本表最小单位数、数据不详或无该项数据；“#”表示其中的主要项。

目　　录

第一部分　全部企业研发活动情况

第二部分　工业企业研发活动情况

一、工业企业 R&D 及相关活动主要指标（2023）

二、工业企业基本情况（2023）

三、工业企业 R&D 人员情况（2023）

四、工业企业 R&D 经费支出情况（2023）

五、工业企业办研发机构情况（2023）

八、工业企业政府相关政策落实情况（2023）

九、工业企业技术获取和技术改造情况（2023）

附录　主要指标解释

第一部分
全部企业研发活动情况

1-1-1 全部企业R&D及相关活动主要指标

主 要 指 标	单位	2017	2018	2019	2020	2021	2022	2023
企业基本情况								
#有R&D活动的企业	个	107262	110153	142078	162394	185848	195416	168047
#有研发机构的企业	个	73805	76167	93903	104003	120148	136733	149220
R&D人员情况								
R&D人员	人	4614016	4890535	5164697	5592171	6458969	7110218	7548090
#女性	人	1028908	1089799	1136843	1249796	1444591	1601799	1698136
#研究人员	人	1540673	1619860	1711818	1834041	1998054	2177697	2313827
R&D人员折合全时当量	人年	3111716	3416687	3660340	4052285	4455777	4989699	5724706
R&D经费情况								
R&D经费内部支出	万元	136471529	152206491	167423221	183572243	211306182	235375617	255687460
按支出用途分								
1.日常性支出	万元	123224279	138345763	155926890	170611657	197948986	221463395	238785665
#人员劳务费	万元	43720206	50382912	56325521	66955577	73658636	86091147	93058965
2.资产性支出	万元	13247250	13860728	11496332	12960586	13357197	13912222	16901796
#仪器和设备	万元	12999449	13573083	11131011	12667219	12957989	13547995	16509756
按资金来源分								
政府资金	万元	4680197	4895421	6410575	5236310	6214206	5711289	4892982
企业资金	万元	129712690	145492254	155540858	177255598	204453809	229129522	249620793
境外资金	万元	1025580	599620	156413	796859	475033	385919	923755
其他资金	万元	1053062	1219195	261371	283477	163134	148886	249930
R&D经费外部支出	万元	8530258	11507901	8946378	15188069	19233623	21368434	21656841
#对境内研究机构支出	万元	2865381	3763251	3517068	3734568	4432741	4246405	4559917
对境内高等学校支出	万元	783759	734187	694019	773318	913070	1001975	975952
对境外支出	万元	1168068	1279243	1290710	1698161	1828020	1754675	1652371
企业办研发机构情况								
机构数	个	87660	88503	106510	117710	134721	152581	165436
机构人员数	人	3720577	3738040	4275275	4690661	5241987	5587436	5792365
#博士	人	59215	53779	58306	60337	68748	69854	74410
硕士	人	481106	486292	546626	593986	673989	651657	697153
机构经费支出	万元	102263663	121573913	154587761	175926459	219593653	237505222	257872188
仪器和设备原价	万元	96835267	89409407	106910291	113736155	135180386	158223448	174233680
自主知识产权及相关情况								
专利申请数	件	955749	1132666	1333090	1589424	1809485	1948559	2034607
#发明专利	件	398322	472328	547673	636905	720479	803295	891234
有效发明专利数	件	1082392	1310103	1542007	1832645	2173424	2591095	3022746
政府相关政策落实情况								
研究开发费用加计扣除减免税	万元	7063730	11014846	18723180	24219066	28294855	39789454	40824244
高新技术企业减免税	万元	13053423	15139891	18441424	21615919	31129760	31143870	30920109

1-2-1　分登记注册统计类别全部企业基本情况

单位：个

登记注册统计类别	有R&D活动	有研发机构
合　计	**168047**	**149220**
内资企业	**154066**	**136929**
有限责任公司	136748	121684
股份有限公司	15318	13753
非公司企业法人	561	470
个人独资企业	1208	849
合伙企业	217	164
港澳台商投资	**6661**	**6499**
港澳台投资有限责任公司	5805	5792
港澳台投资股份有限公司	655	508
港澳台投资合伙企业	101	120
其他港澳台投资企业	100	79
外商投资	**7320**	**5792**
外商投资有限责任公司	6537	5177
外商投资股份有限公司	589	478
外商投资合伙企业	122	85
其他外商投资企业	72	52

1-2-2　分行业全部企业基本情况

单位：个

行　　业	有R&D活动	有研发机构
合　计	**168047**	**149220**
采矿业	**1789**	**1044**
煤炭开采和洗选业	611	312
石油和天然气开采业	58	39
黑色金属矿采选业	216	120
有色金属矿采选业	299	133
非金属矿采选业	533	401
开采及其他辅助性活动	69	38
制造业	**147094**	**133509**
农副食品加工业	4795	4393
食品制造业	2833	2511
酒、饮料和精制茶制造业	1049	1123
烟草制品业	97	86
纺织业	4957	5340
纺织服装、服饰业	1995	2089
皮革、毛皮、羽毛及其制品和制鞋业	1937	1704
木材加工和木、竹、藤、棕、草制品业	2345	1682
家具制造业	1481	1833
造纸和纸制品业	1866	1927
印刷和记录媒介复制业	1725	1764
文教、工美、体育和娱乐用品制造业	2505	2754
石油加工、炼焦和核燃料加工业	620	495
化学原料和化学制品制造业	9570	8867
医药制造业	5090	3905
化学纤维制造业	936	780
橡胶和塑料制品业	8089	8229
非金属矿物制品业	10920	9329
黑色金属冶炼和压延加工业	1526	1374
有色金属冶炼和压延加工业	3127	2549
金属制品业	10286	9851
通用设备制造业	14245	12844
专用设备制造业	12324	10256
汽车制造业	7659	6130
铁路、船舶、航空航天和其他运输设备制造业	2480	1820
电气机械和器材制造业	14090	13557
计算机、通信和其他电子设备制造业	13016	11945
仪器仪表制造业	3772	2941
其他制造业	680	623
废弃资源综合利用业	863	668
金属制品、机械和设备修理业	216	140

1-2-2 续表

单位：个

行　业	有R&D活动	有研发机构
电力、热力、燃气及水生产和供应业	**2407**	**1419**
电力、热力生产和供应业	1513	811
燃气生产和供应业	363	258
水的生产和供应业	531	350
建筑业	**2569**	**2171**
房屋建筑业	1056	967
土木工程建筑业	891	740
建筑安装业	309	223
建筑装饰、装修和其他建筑业	313	241
交通运输、仓储和邮政业	**628**	**391**
铁路运输业	12	6
道路运输业	307	193
水上运输业	72	33
航空运输业	18	9
管道运输业	19	6
多式联运和运输代理业	76	68
装卸搬运和仓储业	113	69
邮政业	11	7
信息传输、软件和信息技术服务业	**5405**	**5161**
电信、广播电视和卫星传输服务	360	165
互联网和相关服务	901	648
软件和信息技术服务业	4144	4348
租赁和商务服务业	**802**	**532**
租赁业	82	54
商务服务业	720	478
科学研究和技术服务业	**6316**	**4254**
研究和试验发展	1369	748
专业技术服务业	4105	3038
科技推广和应用服务业	842	468
水利、环境和公共设施管理业	**426**	**309**
水利管理业	15	8
生态保护和环境治理业	238	185
公共设施管理业	153	107
土地管理业	20	9
卫生和社会工作	**368**	**249**
卫生	364	242
社会工作	4	7
文化、体育和娱乐业	**172**	**137**
新闻和出版业	39	17
广播、电视、电影和影视录音制作业	56	46
文化艺术业	27	22
体育	10	8
娱乐业	40	44

1-2-3　各地区全部企业基本情况

单位：个

地　　区	有R&D活动	有研发机构
全　　国	**168047**	**149220**
东部地区	108667	107457
中部地区	38634	31990
西部地区	16960	8727
东北地区	3786	1046
北　　京	2906	895
天　　津	1862	667
河　　北	3942	5299
山　　西	1201	1493
内 蒙 古	667	291
辽　　宁	2711	588
吉　　林	380	211
黑 龙 江	695	247
上　　海	4282	1336
江　　苏	29956	18371
浙　　江	21367	28549
安　　徽	7990	8079
福　　建	8145	2341
江　　西	3677	7224
山　　东	15126	16144
河　　南	8643	4195
湖　　北	6710	6461
湖　　南	10413	4538
广　　东	20901	33704
广　　西	1285	822
海　　南	180	151
重　　庆	3318	2104
四　　川	4909	2383
贵　　州	1478	414
云　　南	1533	888
西　　藏	24	8
陕　　西	2046	932
甘　　肃	663	214
青　　海	86	24
宁　　夏	530	397
新　　疆	421	250

1-3-1 分登记注册统计类别全部企业R&D人员情况

登记注册统计类别	R&D人员(人)	#女性	#研究人员	R&D人员折合全时当量(人年)
合　计	**7548090**	**1698136**	**2313827**	**5724706**
内资企业	**6321266**	**1399447**	**1914456**	**4752396**
有限责任公司	5026530	1110869	1465723	3770030
股份有限公司	1233329	275002	429059	936701
非公司企业法人	36149	7015	12810	26900
个人独资企业	17571	4776	3977	12601
合伙企业	3605	950	885	2470
港澳台商投资	**671313**	**162488**	**212431**	**542940**
港澳台投资有限责任公司	529382	126908	160724	432353
港澳台投资股份有限公司	120771	29933	44860	96166
港澳台投资合伙企业	8884	2324	2399	6561
其他港澳台投资企业	12276	3323	4448	7859
外商投资	**555511**	**136201**	**186940**	**429370**
外商投资有限责任公司	436837	106992	145020	339398
外商投资股份有限公司	96945	24700	35136	75738
外商投资合伙企业	12724	2651	3552	9400
其他外商投资企业	9005	1858	3232	4834

1−3−2　分行业全部企业R&D人员情况

行　　业	R&D人员(人)			R&D人员折合全时当量(人年)
		#女性	#研究人员	
合　计	**7548090**	**1698136**	**2313827**	**5724706**
采矿业	**179810**	**19721**	**51483**	**112232**
煤炭开采和洗选业	99044	3789	23171	58330
石油和天然气开采业	28694	9057	12944	19281
黑色金属矿采选业	9972	1224	2142	6169
有色金属矿采选业	13044	1378	3273	8740
非金属矿采选业	11609	1867	2551	8306
开采及其他辅助性活动	17421	2403	7397	11384
制造业	**6098785**	**1387367**	**1684293**	**4635116**
农副食品加工业	111442	34632	24769	80884
食品制造业	90830	34641	21397	65026
酒、饮料和精制茶制造业	43681	12700	10784	26968
烟草制品业	11160	2847	4679	7629
纺织业	162906	60830	25262	121957
纺织服装、服饰业	70350	35028	11337	54113
皮革、毛皮、羽毛及其制品和制鞋业	66682	25957	8147	51201
木材加工和木、竹、藤、棕、草制品业	39467	9793	7692	29199
家具制造业	57023	14952	10062	43813
造纸和纸制品业	65012	14953	9761	49745
印刷和记录媒介复制业	51743	13739	9306	38746
文教、工美、体育和娱乐用品制造业	75631	23362	13486	58523
石油加工、炼焦和核燃料加工业	46121	7842	10311	26470
化学原料和化学制品制造业	332971	82263	92435	251646
医药制造业	253459	122873	97117	191292
化学纤维制造业	46653	11875	7796	33918
橡胶和塑料制品业	222293	50792	40787	170960
非金属矿物制品业	290312	57574	57774	207903
黑色金属冶炼和压延加工业	156414	19409	36642	101794
有色金属冶炼和压延加工业	144169	22933	31060	102235
金属制品业	282741	51503	54387	213223
通用设备制造业	469080	77297	132305	358481
专用设备制造业	423103	75829	139584	321797
汽车制造业	490236	79741	162599	385540
铁路、船舶、航空航天和其他运输设备制造业	159542	32272	60385	118087
电气机械和器材制造业	634928	132340	176372	489251
计算机、通信和其他电子设备制造业	1088924	240448	352938	875515
仪器仪表制造业	151504	26334	57043	116909
其他制造业	32060	8046	10411	22738
废弃资源综合利用业	17290	3441	3930	12237
金属制品、机械和设备修理业	11058	1121	3735	7317

1-3-2 续表

行　业	R&D人员（人）	#女性	#研究人员	R&D人员折合全时当量（人年）
电力、热力、燃气及水生产和供应业	**117850**	**21125**	**48983**	**69357**
电力、热力生产和供应业	90124	15268	39960	50319
燃气生产和供应业	12886	2401	3946	8911
水的生产和供应业	14840	3456	5077	10128
建筑业	**238034**	**30512**	**93359**	**184838**
房屋建筑业	100296	13617	38790	79231
土木工程建筑业	106305	11804	43187	80225
建筑安装业	17367	2537	6490	13640
建筑装饰和其他建筑业	14066	2554	4892	11741
交通运输、仓储和邮政业	**27795**	**5775**	**10715**	**19838**
铁路运输业	4033	820	1983	3650
道路运输业	12020	2857	4642	8492
水上运输业	4113	348	1430	2014
航空运输业	1086	236	561	773
管道运输业	896	186	437	421
多式联运和运输代理业	2461	742	792	1841
装卸搬运和仓储业	2631	494	721	2224
邮政业	555	92	149	423
信息传输、软件和信息技术服务业	**504688**	**120717**	**246006**	**421639**
电信、广播电视和卫星传输服务	40611	11578	18187	24947
互联网和相关服务	109664	27404	55449	100285
软件和信息技术服务业	354413	81735	172370	296407
租赁和商务服务业	**30216**	**8375**	**12984**	**23629**
租赁业	2327	341	763	1637
商务服务业	27889	8034	12221	21992
科学研究和技术服务业	**319874**	**92246**	**155078**	**236517**
研究和试验发展	88407	32930	44106	68583
专业技术服务业	201375	50804	97099	146181
科技推广和应用服务业	30092	8512	13873	21752
水利、环境和公共设施管理业	**11148**	**2743**	**3258**	**7617**
水利管理业	413	109	188	294
生态保护和环境治理业	4701	1030	1685	3296
公共设施管理业	5679	1500	1240	3721
土地管理业	355	104	145	306
卫生和社会工作	**12940**	**7118**	**5184**	**8649**
卫生	12875	7098	5168	8610
社会工作	65	20	16	39
文化、体育和娱乐业	**4960**	**1897**	**1791**	**3926**
新闻和出版业	1477	755	479	1208
广播、电视、电影和影视录音制作业	1748	542	765	1469
文化艺术业	542	224	143	347
体育	233	65	90	137
娱乐业	960	311	314	765

1-3-3 各地区全部企业R&D人员情况

地　　区	R&D人员（人）	#女性	#研究人员	R&D人员折合全时当量（人年）
全　　国	**7548090**	**1698136**	**2313827**	**5724706**
东部地区	5066061	1161477	1524713	3955332
中部地区	1467333	313841	436572	1079912
西部地区	821799	175341	275702	557020
东北地区	192897	47477	76840	132440
北　　京	223573	62292	107972	167150
天　　津	108649	25129	42814	79886
河　　北	212632	45125	57764	144338
山　　西	76985	11752	19590	47056
内 蒙 古	46275	7914	12644	27908
辽　　宁	128842	30923	49847	86559
吉　　林	26329	7290	12101	19612
黑 龙 江	37726	9264	14892	26269
上　　海	249963	64283	109871	196757
江　　苏	1016703	236709	314509	793682
浙　　江	905943	206142	211857	729402
安　　徽	287028	57674	85247	216678
福　　建	313877	78736	88542	244680
江　　西	171197	39576	38436	133916
山　　东	646362	153236	177483	501624
河　　南	297239	67863	87193	210721
湖　　北	307395	66196	102932	226872
湖　　南	327489	70780	103174	244669
广　　东	1377509	286236	410277	1090738
广　　西	64669	14583	17671	39217
海　　南	10850	3589	3624	7075
重　　庆	145602	32934	49652	103522
四　　川	234827	52729	84054	168450
贵　　州	53003	11420	16484	33077
云　　南	66671	13822	18352	44999
西　　藏	699	151	238	448
陕　　西	118263	23960	49326	87546
甘　　肃	29729	6371	10469	19291
青　　海	5910	1126	2099	3256
宁　　夏	23144	4563	6073	12828
新　　疆	33007	5768	8640	16478

1-4-1 分登记注册统计类别全部企业R&D经费内部支出情况

单位：万元

登记注册统计类别	R&D经费内部支出	日常性支出	#人员劳务费	资产性支出	#仪器和设备	#政府资金	#企业资金
合　计	**255687460**	**238785665**	**93058965**	**16901796**	**16509756**	**4892982**	**249620793**
内资企业	**206896724**	**192643162**	**71206357**	**14253563**	**13931421**	**4433423**	**202162917**
有限责任公司	162802648	151477245	54780866	11325403	11084679	3434392	159128208
股份有限公司	42403622	39599615	15880736	2804007	2728459	975647	41372361
非公司企业法人	1206614	1097703	432464	108911	103859	22272	1181218
个人独资企业	389205	377271	82715	11934	11421	844	386762
合伙企业	77996	74694	19633	3302	3002	268	77728
港澳台商投资	**26084150**	**24768957**	**12483942**	**1315192**	**1273837**	**220969**	**25709697**
港澳台投资有限责任公司	20388931	19265480	10154471	1123451	1093403	146132	20092933
港澳台投资股份有限公司	5070677	4895559	2061434	175118	164558	72789	4996078
港澳台投资合伙企业	291293	279842	136205	11450	10794	958	290334
其他港澳台投资企业	333249	328075	131832	5174	5082	1089	330352
外商投资	**22706586**	**21373546**	**9368666**	**1333040**	**1304498**	**238591**	**21748180**
外商投资有限责任公司	17822638	16794283	7506394	1028355	1005351	108475	17126773
外商投资股份有限公司	4030022	3784041	1544120	245981	240567	113577	3895859
外商投资合伙企业	491461	455891	231228	35570	35498	665	379942
其他外商投资企业	362466	339331	86925	23135	23082	15874	345606

1-4-2 分行业全部企业R&D经费内部支出情况

单位：万元

行　业	R&D经费内部支出	日常性支出	#人员劳务费	资产性支出	#仪器和设备	#政府资金	#企业资金
合　计	**255687460**	**238785665**	**93058965**	**16901796**	**16509756**	**4892982**	**249620793**
采矿业	**5185097**	**4914526**	**1715956**	**270571**	**261777**	**22649**	**5158178**
煤炭开采和洗选业	2206325	2024606	804825	181718	178711	6205	2198491
石油和天然气开采业	1375573	1358332	546431	17242	12826	9177	1366263
黑色金属矿采选业	451033	420171	69556	30862	30507	686	450348
有色金属矿采选业	386433	376493	93496	9939	9573	2330	384103
非金属矿采选业	293974	282513	65374	11461	11005	2052	290067
开采及其他辅助性活动	470752	451412	136088	19340	19147	2200	467898
制造业	**201079062**	**186429639**	**63882362**	**14649423**	**14314667**	**3967590**	**196606203**
农副食品加工业	3165903	3000709	581232	165194	160157	31603	3131575
食品制造业	1868130	1768695	540344	99435	97730	25530	1841890
酒、饮料和精制茶制造业	872397	813363	234692	59034	56393	12096	859288
烟草制品业	363548	319924	200757	43624	42976	1247	359089
纺织业	2812582	2609480	781632	203102	197756	11293	2798715
纺织服装、服饰业	1015887	984619	374340	31267	30223	7508	1007564
皮革、毛皮、羽毛及其制品和制鞋业	1044149	1019611	355114	24538	22756	3436	1039944
木材加工和木、竹、藤、棕、草制品业	849720	799523	175005	50198	47880	5642	839722
家具制造业	947892	902788	353408	45104	44211	3687	943670
造纸和纸制品业	1793057	1684604	335614	108453	106483	7036	1784600
印刷和记录媒介复制业	929706	842085	312608	87622	85644	6292	922505
文教、工美、体育和娱乐用品制造业	1208160	1154516	385352	53645	52109	7445	1198712
石油加工、炼焦和核燃料加工业	1914042	1807890	255664	106152	95637	11571	1902351
化学原料和化学制品制造业	12162533	11260444	2748575	902090	868136	177590	11959600
医药制造业	10963162	10075501	2978598	887661	873808	177770	10721914
化学纤维制造业	1721998	1583635	349765	138363	137014	20829	1699217
橡胶和塑料制品业	5332732	4983260	1607678	349472	341575	36138	5289216
非金属矿物制品业	7240261	6615966	1639186	624295	610494	56808	7178349
黑色金属冶炼和压延加工业	9678563	9332528	883554	346035	336350	34506	9643604
有色金属冶炼和压延加工业	6423964	6166638	804307	257326	252184	130919	6289156
金属制品业	7231794	6776676	1906396	455118	444095	106135	7119892
通用设备制造业	12189227	11330406	4592685	858822	827505	272736	11867525
专用设备制造业	11642127	10954521	4761178	687607	670764	270999	11318447
汽车制造业	18022429	16807118	6601133	1215311	1177458	163877	17831193
铁路、船舶、航空航天和其他运输设备制造业	6231313	5747206	1929692	484107	471892	718418	5488814
电气机械和器材制造业	23773955	21833597	6990953	1940358	1904385	258563	23474239
计算机、通信和其他电子设备制造业	43927705	39936608	18792997	3991098	3934655	1179719	42580316
仪器仪表制造业	3575131	3366485	1869178	208647	202064	92652	3477198
其他制造业	1034717	883702	308805	151015	149769	130849	901053
废弃资源综合利用业	886143	832477	126521	53666	52173	3002	882763
金属制品、机械和设备修理业	256136	235068	105400	21069	20389	1697	254084

1-4-2 续表

单位：万元

行业	R&D经费内部支出	日常性支出	#人员劳务费	资产性支出	#仪器和设备	#政府资金	#企业资金
电力、热力、燃气及水生产和供应业	**3434837**	**3083702**	**973817**	**351136**	**335761**	**26549**	**3402056**
电力、热力生产和供应业	2675077	2415115	747556	259962	247969	21944	2647195
燃气生产和供应业	435884	415224	125123	20661	17972	1076	434808
水的生产和供应业	323876	253363	101137	70513	69820	3529	320052
建筑业	**8616319**	**8523330**	**1979723**	**92989**	**89146**	**29830**	**8582777**
房屋建筑业	3627548	3595296	719421	32252	30680	4072	3621211
土木工程建筑业	4085489	4033493	950585	51996	49889	18443	4066312
建筑安装业	494048	487789	176252	6259	6202	6139	487909
建筑装饰、装修和其他建筑业	409234	406752	133465	2482	2375	1175	407346
交通运输、仓储和邮政业	**623596**	**601861**	**265921**	**21734**	**20041**	**8074**	**614921**
铁路运输业	16843	16841	10194	2	2		16843
道路运输业	337587	326164	125221	11423	10342	4540	332945
水上运输业	89335	85865	44858	3470	3116	1235	88099
航空运输业	16544	16480	13526	64	64	763	15781
管道运输业	60855	57528	17336	3327	3268	1040	59699
多式联运和运输代理业	47374	46180	22459	1194	1183	241	47054
装卸搬运和仓储业	38639	36386	23954	2252	2065	255	38081
邮政业	16420	16418	8374	2	2		16420
信息传输、软件和信息技术服务业	**24447452**	**23693042**	**17565336**	**754410**	**741194**	**354390**	**23896654**
电信、广播电视和卫星传输服务	865834	827782	599367	38053	36176	3908	861151
互联网和相关服务	8283171	7911121	5883199	372050	370937	11214	8267452
软件和信息技术服务业	15298446	14954139	11082770	344307	334081	339268	14768051
租赁和商务服务业	**992068**	**955403**	**547372**	**36665**	**35973**	**31092**	**916712**
租赁业	77112	70559	35267	6553	6447	346	76759
商务服务业	914956	884844	512105	30112	29527	30746	839954
科学研究和技术服务业	**10720628**	**10032572**	**5854201**	**688056**	**675154**	**423219**	**9884662**
研究和试验发展	4658918	4262198	2104429	396720	388431	232832	4085553
专业技术服务业	4769303	4585255	3144962	184047	180781	137006	4616773
科技推广和应用服务业	1292407	1185118	604810	107289	105941	53381	1182336
水利、环境和公共设施管理业	**205856**	**191591**	**87549**	**14265**	**13964**	**9562**	**196294**
水利管理业	7654	7570	2873	85	83	1246	6408
生态保护和环境治理业	92433	80607	42791	11826	11605	3416	89016
公共设施管理业	74836	73125	38598	1711	1669	3844	70992
土地管理业	30933	30290	3286	644	609	1057	29877
卫生和社会工作	**214394**	**196614**	**104052**	**17780**	**17478**	**2555**	**211838**
卫生	213536	195758	103816	17779	17476	2555	210981
社会工作	857	856	236	2	2		857
文化、体育和娱乐业	**107606**	**106820**	**64917**	**786**	**758**	**1576**	**106031**
新闻和出版业	21722	21589	15714	134	131	938	20785
广播、电视、电影和影视录音制作业	58110	57561	33963	549	535	588	57522
文化艺术业	6017	6001	3800	16	11		6017
体育	4123	4105	2924	18	18		4123
娱乐业	17634	17563	8516	71	64	50	17584

1-4-3 各地区全部企业R&D经费内部支出情况

单位：万元

地 区	R&D经费内部支出	日常性支出	#人员劳务费	资产性支出	#仪器和设备	#政府资金	#企业资金
全 国	**255687460**	**238785665**	**93058965**	**16901796**	**16509756**	**4892982**	**249620793**
东部地区	170658135	159695837	67659452	10962297	10740195	2527277	167173655
中部地区	49176272	45698014	14184717	3478258	3374792	1052535	48005763
西部地区	29095681	26986417	9193872	2109264	2058954	1073898	27952230
东北地区	6757373	6405396	2020924	351977	335816	239272	6489144
北 京	13557417	12775787	7731684	781631	772085	466903	12891874
天 津	4571437	4305643	1588557	265794	260910	61346	4451236
河 北	7690191	7416312	1745448	273879	258366	59766	7626511
山 西	2481973	2399036	621889	82937	81354	80230	2400019
内蒙古	2003107	1830506	364709	172600	170581	81998	1920883
辽 宁	4520646	4315034	1293830	205612	203544	108310	4384475
吉 林	1102494	994023	305481	108470	95824	25582	1076135
黑龙江	1134234	1096339	421613	37895	36448	105381	1028534
上 海	14342322	13281546	7053234	1060775	1048432	346861	13633265
江 苏	36203998	33334166	13156714	2869832	2808259	282032	35743923
浙 江	21826093	20544592	8659696	1281501	1257434	278075	21534789
安 徽	9993137	9032189	3044231	960948	944063	241422	9700733
福 建	10274083	9538065	3978082	736018	720666	169334	10084966
江 西	5002897	4619259	1126857	383638	376645	133402	4869092
山 东	20925921	19728405	5182331	1197517	1169187	222042	20661997
河 南	10415673	9732320	3153621	683352	673013	93749	10308548
湖 北	10823842	10000759	3395112	823083	802438	293643	10482709
湖 南	10458750	9914450	2843006	544300	497279	210089	10244663
广 东	41030221	38549275	18513371	2480946	2430925	629122	40321125
广 西	1801618	1710786	509803	90832	85213	42553	1758235
海 南	236452	222047	50336	14405	13932	11797	223971
重 庆	5961202	5604412	1828133	356790	350799	97289	5852393
四 川	7839380	7234904	3193552	604476	591247	248369	7571837
贵 州	1654858	1565173	431618	89686	88510	62808	1572331
云 南	2474614	2267224	476663	207390	202445	52100	2412173
西 藏	20840	20534	12018	306	306	459	20381
陕 西	4776123	4446840	1861907	329283	322084	360085	4412315
甘 肃	832585	676733	183798	155851	152983	62741	767129
青 海	202664	186105	47547	16559	15230	3707	198957
宁 夏	684849	636256	115584	48593	45776	39013	645751
新 疆	843843	806945	168540	36897	33783	22778	819844

1-5-1　分登记注册统计类别全部企业办研发机构情况

登记注册统计类别	机构数（个）	机构人员数（人）	#博士	#硕士	机构经费支出（万元）	仪器和设备原价（万元）
合　计	**165436**	**5792365**	**74410**	**697153**	**257872188**	**174233680**
内资企业	**151530**	**4793443**	**63714**	**554141**	**206411492**	**143350158**
有限责任公司	131747	3652138	46017	377741	156013720	112720134
股份有限公司	18116	1102606	16761	168574	48705546	28660005
非公司企业法人	594	25499	765	6887	1314225	1751837
个人独资企业	883	8407	153	542	258133	124795
合伙企业	175	2147	17	223	65068	26498
港澳台商投资	**7327**	**567832**	**5801**	**79556**	**28312880**	**15119476**
港澳台投资有限责任公司	6375	448791	4305	63561	22183228	12416503
港澳台投资股份有限公司	729	103397	1298	13971	5527569	2416088
港澳台投资合伙企业	139	9055	92	966	342010	171431
其他港澳台投资企业	84	6589	106	1058	260073	115455
外商投资	**6579**	**431090**	**4895**	**63456**	**23147817**	**15764046**
外商投资有限责任公司	5689	330074	2975	44225	17647534	13012338
外商投资股份有限公司	741	84310	1792	16490	4783685	2417581
外商投资合伙企业	88	9208	31	633	362275	153322
其他外商投资企业	61	7498	97	2108	354324	180806

1-5-2 分行业全部企业办研发机构情况

行业	机构数（个）	机构人员数（人）	#博士	#硕士	机构经费支出（万元）	仪器和设备原价（万元）
合计	**165436**	**5792365**	**74410**	**697153**	**257872188**	**174233680**
采矿业	**1200**	**76405**	**1652**	**14387**	**3057559**	**2130181**
煤炭开采和洗选业	346	28968	193	2085	834121	923567
石油和天然气开采业	110	21545	980	9499	1074573	612593
黑色金属矿采选业	126	6083	153	518	350948	158469
有色金属矿采选业	151	6406	41	359	296567	167058
非金属矿采选业	416	6031	81	392	245843	136524
开采及其他辅助性活动	50	7357	204	1532	255273	131961
制造业	**146330**	**4473789**	**52088**	**432004**	**191217268**	**143612492**
农副食品加工业	4671	69576	1860	6498	2802726	1795848
食品制造业	2833	64658	1246	6312	1987669	1614695
酒、饮料和精制茶制造业	1303	29221	470	2513	977989	1740618
烟草制品业	114	6205	358	1616	547011	550819
纺织业	5618	116029	912	3551	2848815	2738725
纺织服装、服饰业	2192	51262	250	1498	1002901	534161
皮革、毛皮、羽毛及其制品和制鞋业	1743	42016	213	726	829652	323744
木材加工和木、竹、藤、棕、草制品业	1706	21458	282	1219	697703	463085
家具制造业	1876	45703	166	1310	1167677	453010
造纸和纸制品业	2034	47837	297	1178	2045788	2076468
印刷和记录媒介复制业	1811	37305	279	1196	980339	1207850
文教、工美、体育和娱乐用品制造业	2854	59913	387	2107	1328173	697626
石油加工、炼焦和核燃料加工业	591	21361	420	2051	2111623	6674995
化学原料和化学制品制造业	10062	242566	4808	24437	13105443	10801490
医药制造业	4745	206602	5831	42082	11553664	8239234
化学纤维制造业	889	34198	320	1419	1512643	1782095
橡胶和塑料制品业	8652	174643	1598	7232	5317179	8040130
非金属矿物制品业	9886	188192	2091	9493	6714816	8010638
黑色金属冶炼和压延加工业	1526	77545	1226	5370	9528722	5448640
有色金属冶炼和压延加工业	2873	82385	1382	5708	5185690	4450666
金属制品业	10441	212797	1741	7459	6594727	6157358
通用设备制造业	14066	364715	3460	30209	11652168	10253635
专用设备制造业	11470	329713	4526	37749	11246256	6711649
汽车制造业	6769	364095	3129	51625	19204249	10180944
铁路、船舶、航空航天和其他运输设备制造业	2062	87181	861	12124	3366434	2831146
电气机械和器材制造业	14958	525746	5190	49047	23976361	12277403
计算机、通信和其他电子设备制造业	13642	817431	7033	99715	37908629	24802602
仪器仪表制造业	3422	122861	1387	14541	3692401	2060557
其他制造业	647	13574	171	908	402164	163669
废弃资源综合利用业	723	11845	176	779	778754	396296
金属制品、机械和设备修理业	151	5156	18	332	148899	132695

1－5－2　续表

行　　业	机构数（个）	机构人员数（人）	#博士	#硕士	机构经费支　　出（万元）	仪 器 和设备原价（万元）
电力、热力、燃气及水生产和供应业	**1538**	**38611**	**805**	**5579**	**1989602**	**5504872**
电力、热力生产和供应业	896	24636	648	4159	1450163	4791636
燃气生产和供应业	260	6569	59	447	327712	479061
水的生产和供应业	382	7406	98	973	211728	234176
建筑业	**2870**	**267692**	**2403**	**22069**	**16058091**	**4571774**
房屋建筑业	1239	118238	1285	8558	7315107	1187580
土木工程建筑业	1072	117308	927	10671	7359330	3056308
建筑安装业	292	17779	122	2090	787822	216979
建筑装饰、装修和其他建筑业	267	14367	69	750	595832	110908
交通运输、仓储和邮政业	**422**	**15885**	**111**	**1345**	**466658**	**753728**
铁路运输业	12	2626	1	173	54131	66845
道路运输业	206	6572	72	792	227227	256532
水上运输业	40	1331	4	111	39341	198593
航空运输业	9	390	4	51	11883	4846
管道运输业	6	156		13	4726	19499
多式联运和运输代理业	72	2831	18	102	72394	9620
装卸搬运和仓储业	70	1752	12	89	40957	190532
邮政业	7	227		14	16000	7262
信息传输、软件和信息技术服务业	**6200**	**613174**	**6553**	**134747**	**30497372**	**8406073**
电信、广播电视和卫星传输服务	182	15623	402	3845	636334	443200
互联网和相关服务	748	92618	879	28063	7867995	2453736
软件和信息技术服务业	5270	504933	5272	102839	21993043	5509137
租赁和商务服务业	**590**	**27974**	**610**	**4935**	**1459460**	**375072**
租赁业	58	1220	3	40	36960	72008
商务服务业	532	26754	607	4895	1422501	303065
科学研究和技术服务业	**5456**	**254918**	**9461**	**78240**	**12575393**	**8357203**
研究和试验发展	1042	74445	4867	26165	7392788	3894723
专业技术服务业	3868	162837	3854	46881	4506553	3888406
科技推广和应用服务业	546	17636	740	5194	676052	574074
水利、环境和公共设施管理业	**348**	**8940**	**139**	**1236**	**199831**	**210208**
水利管理业	8	248		32	3909	849
生态保护和环境治理业	218	4899	107	924	121314	172179
公共设施管理业	113	3594	22	226	56199	31760
土地管理业	9	199	10	54	18409	5421
卫生和社会工作	**289**	**10213**	**510**	**2131**	**223493**	**249747**
卫生	282	10171	510	2118	223005	249612
社会工作	7	42		13	488	135
文化、体育和娱乐业	**139**	**3343**	**14**	**201**	**77462**	**30949**
新闻和出版业	17	1206	5	41	15632	5374
广播、电视、电影和影视录音制作业	46	1099	1	68	29144	17205
文化艺术业	23	219	2	19	3360	2302
体育	8	192	1	23	6095	807
娱乐业	45	627	5	50	23231	5261

1-5-3 各地区全部企业办研发机构情况

地 区	机构数（个）	机构人员数（人）	#博士	#硕士	机构经费支出（万元）	仪器和设备原价（万元）
全 国	**165436**	**5792365**	**74410**	**697153**	**257872188**	**174233680**
东部地区	118746	4310961	52265	497992	192963607	116849319
中部地区	35384	939140	13618	108002	39276222	35218677
西部地区	10022	469741	7377	78259	22541195	19367124
东北地区	1284	72523	1150	12900	3091164	2798560
北 京	1207	185119	5291	51398	11421565	5014467
天 津	851	60787	1379	13062	2640340	2326183
河 北	6064	167970	1704	15559	8063555	6223324
山 西	1514	71576	627	6141	2612657	3634858
内蒙古	338	16876	178	1698	1121822	742805
辽 宁	743	40234	472	7186	1683573	1463982
吉 林	237	15919	265	2860	668212	562372
黑龙江	304	16370	413	2854	739380	772205
上 海	1473	153241	4469	42622	11805139	7254059
江 苏	20890	637627	9802	74822	28514971	24647031
浙 江	29383	946618	7522	76727	37835674	19233830
安 徽	9326	235885	3051	26708	10758097	8674212
福 建	2523	143455	1344	11728	5655834	3327036
江 西	7600	163254	1802	9427	6504623	4305032
山 东	18730	518927	7747	60276	23212290	18001746
河 南	4895	133014	2004	15325	4757669	8603716
湖 北	7107	206377	4043	31663	9211285	6071440
湖 南	4942	129034	2091	18738	5431892	3929419
广 东	37464	1490338	12915	151303	63456511	30599181
广 西	908	44116	341	3151	1579644	1610039
海 南	161	6879	92	495	357727	222463
重 庆	2263	89726	1052	11066	4484546	6220014
四 川	2862	149438	2817	26176	6559927	3681711
贵 州	495	21233	227	3241	1518702	747545
云 南	961	37881	519	3141	1783555	2678299
西 藏	10	220	4	155	7128	2108
陕 西	1073	64978	1504	24079	3132817	1559363
甘 肃	314	10875	177	1143	391457	466282
青 海	45	2351	30	291	89883	37143
宁 夏	445	15250	271	1764	836917	613572
新 疆	308	16797	257	2354	1034798	1008246

1-6-1 分登记注册统计类别全部企业自主知识产权及相关情况

单位：件

登记注册统计类别	专利申请数	#发明专利	有效发明专利数
合计	**2034607**	**891234**	**3022746**
内资企业	**1772402**	**759147**	**2562190**
有限责任公司	1388761	560078	1870277
股份有限公司	371929	193669	674393
非公司企业法人	8773	4731	14534
个人独资企业	1693	340	1423
合伙企业	547	132	504
港澳台商投资	**147704**	**77819**	**260389**
港澳台投资有限责任公司	106690	57687	185966
港澳台投资股份有限公司	37584	18335	66213
港澳台投资合伙企业	2069	1311	6843
其他港澳台投资企业	1361	486	1367
外商投资	**114501**	**54268**	**200167**
外商投资有限责任公司	81776	36950	141474
外商投资股份有限公司	29344	15670	54590
外商投资合伙企业	948	352	1381
其他外商投资企业	2433	1296	2722

1-6-2　分行业全部企业自主知识产权及相关情况

单位：件

行　业	专　利申请数	#发明专利	有效发明专利数
合　计	**2034607**	**891234**	**3022746**
采矿业	**19326**	**9643**	**23704**
煤炭开采和洗选业	6614	2128	3769
石油和天然气开采业	5247	3849	9071
黑色金属矿采选业	1567	719	3103
有色金属矿采选业	1683	463	1633
非金属矿采选业	1670	478	1465
开采及其他辅助性活动	2542	2003	4660
制造业	**1488008**	**562766**	**2130386**
农副食品加工业	16990	4610	20586
食品制造业	15884	5204	23987
酒、饮料和精制茶制造业	6457	1617	6961
烟草制品业	11044	4060	10651
纺织业	21268	4909	22655
纺织服装、服饰业	8824	1622	7054
皮革、毛皮、羽毛及其制品和制鞋业	8367	1152	5205
木材加工和木、竹、藤、棕、草制品业	5774	1376	5478
家具制造业	17590	2358	10191
造纸和纸制品业	10689	2324	11963
印刷和记录媒介复制业	10655	2307	12245
文教、工美、体育和娱乐用品制造业	17635	2720	14228
石油加工、炼焦和核燃料加工业	5266	2098	7921
化学原料和化学制品制造业	66480	28055	113474
医药制造业	34308	17766	81600
化学纤维制造业	5194	1743	7523
橡胶和塑料制品业	54614	12981	60608
非金属矿物制品业	61783	16490	68978
黑色金属冶炼和压延加工业	26053	11221	31917
有色金属冶炼和压延加工业	25074	8299	31028
金属制品业	69091	15528	74624
通用设备制造业	136327	41253	169207
专用设备制造业	146402	50378	187218
汽车制造业	108329	44398	107857
铁路、船舶、航空航天和其他运输设备制造业	29716	10567	40155
电气机械和器材制造业	239281	86380	271989
计算机、通信和其他电子设备制造业	271007	160017	652396
仪器仪表制造业	45748	17801	59786
其他制造业	5512	1327	5511
废弃资源综合利用业	4435	1570	5283
金属制品、机械和设备修理业	2211	635	2107

1-6-2 续表

单位：件

行　业	专　利 申请数	#发明专利	有效发明 专 利 数
电力、热力、燃气及水生产和供应业	**58626**	**41193**	**73512**
电力、热力生产和供应业	54785	40126	69637
燃气生产和供应业	1491	343	1293
水的生产和供应业	2350	724	2582
建筑业	**104885**	**34955**	**80527**
房屋建筑业	47710	15567	34467
土木工程建筑业	43980	15643	33844
建筑安装业	5497	1669	5288
建筑装饰、装修和其他建筑业	7698	2076	6928
交通运输、仓储和邮政业	**6818**	**2680**	**7248**
铁路运输业	693	198	1046
道路运输业	2738	1186	2551
水上运输业	962	247	760
航空运输业	277	135	541
管道运输业	708	469	705
多式联运和运输代理业	471	143	527
装卸搬运和仓储业	898	261	589
邮政业	71	41	529
信息传输、软件和信息技术服务业	**184557**	**147153**	**405198**
电信、广播电视和卫星传输服务	13471	11808	25727
互联网和相关服务	30629	26831	101044
软件和信息技术服务业	140457	108514	278427
租赁和商务服务业	**21577**	**14027**	**68705**
租赁业	990	350	1187
商务服务业	20587	13677	67518
科学研究和技术服务业	**141457**	**75094**	**223191**
研究和试验发展	49158	35071	98865
专业技术服务业	76007	31823	97171
科技推广和应用服务业	16292	8200	27155
水利、环境和公共设施管理业	**5213**	**1915**	**5595**
水利管理业	243	87	286
生态保护和环境治理业	3346	1360	4025
公共设施管理业	1581	451	1267
土地管理业	43	17	17
卫生和社会工作	**2607**	**1119**	**2442**
卫生	2546	1115	2425
社会工作	61	4	17
文化、体育和娱乐业	**1341**	**593**	**1416**
新闻和出版业	135	41	167
广播、电视、电影和影视录音制作业	732	363	618
文化艺术业	162	41	262
体育	53	29	99
娱乐业	259	119	270

1-6-3 各地区全部企业自主知识产权及相关情况

单位：件

地 区	专 利申请数	#发明专利	有效发明专利数
全 国	**2034607**	**891234**	**3022746**
东部地区	1454363	650612	2290142
中部地区	333565	133891	417487
西部地区	200181	84883	242592
东北地区	46498	21848	72525
北 京	164642	116587	380546
天 津	29169	11654	42933
河 北	40532	15941	51756
山 西	14485	5398	16846
内 蒙 古	12229	4475	10746
辽 宁	24669	9484	47372
吉 林	14539	9047	12931
黑 龙 江	7290	3317	12222
上 海	86265	45977	157443
江 苏	264204	100733	371436
浙 江	209798	64497	219367
安 徽	96005	41595	115174
福 建	66720	26313	73281
江 西	37770	13374	28214
山 东	153648	58264	187697
河 南	53990	15610	62167
湖 北	82971	37594	124714
湖 南	48344	20320	70372
广 东	437181	209669	802007
广 西	13736	5933	17184
海 南	2204	977	3676
重 庆	33854	14903	38867
四 川	56285	24683	84776
贵 州	12879	6286	12825
云 南	16335	6268	16648
西 藏	187	74	338
陕 西	28782	12915	38539
甘 肃	8903	2724	7782
青 海	2294	1019	1659
宁 夏	5922	2050	5519
新 疆	8775	3553	7709

1-7-1　分登记注册统计类别全部企业政府相关政策落实情况

单位：万元

登记注册统计类别	研究开发费用加计扣除减免税	高新技术企业减免税
合　计	**40824244**	**30920109**
内资企业	**32470371**	**21899324**
有限责任公司	24929333	15387365
股份有限公司	7322782	6391382
非公司企业法人	159935	94693
个人独资企业	38569	15520
合伙企业	11786	5203
港澳台商投资	**4977915**	**4556112**
港澳台投资有限责任公司	4223543	3914145
港澳台投资股份有限公司	659001	584058
港澳台投资合伙企业	37776	44304
其他港澳台投资企业	57594	13606
外商投资	**3375958**	**4464673**
外商投资有限责任公司	2441292	2850282
外商投资股份有限公司	834433	1556303
外商投资合伙企业	50824	50901
其他外商投资企业	49410	7187

1-7-2　分行业全部企业政府相关政策落实情况

单位：万元

行　业	研究开发费用加计扣除减免税	高新技术企业减免税
合　计	**40824244**	**30920109**
采矿业	**732368**	**783766**
煤炭开采和洗选业	324678	299189
石油和天然气开采业	210984	67902
黑色金属矿采选业	35957	130655
有色金属矿采选业	77262	207879
非金属矿采选业	40240	59267
开采及其他辅助性活动	42575	18873
制造业	**29236586**	**20898067**
农副食品加工业	361505	141168
食品制造业	369389	308233
酒、饮料和精制茶制造业	108843	45615
烟草制品业	18700	49078
纺织业	372265	195773
纺织服装、服饰业	143032	70946
皮革、毛皮、羽毛及其制品和制鞋业	116365	48018
木材加工和木、竹、藤、棕、草制品业	89555	36631
家具制造业	172739	119467
造纸和纸制品业	247529	182910
印刷和记录媒介复制业	174553	120980
文教、工美、体育和娱乐用品制造业	204161	115429
石油加工、炼焦和核燃料加工业	180363	118569
化学原料和化学制品制造业	1952343	2326551
医药制造业	1850698	2185506
化学纤维制造业	151245	76009
橡胶和塑料制品业	824399	578150
非金属矿物制品业	1161950	1072659
黑色金属冶炼和压延加工业	909398	243758
有色金属冶炼和压延加工业	736747	650835
金属制品业	916518	660524
通用设备制造业	1881796	1513780
专用设备制造业	2056269	1715226
汽车制造业	2887982	1901923
铁路、船舶、航空航天和其他运输设备制造业	449199	416565
电气机械和器材制造业	3506748	2910698
计算机、通信和其他电子设备制造业	6439221	2347155
仪器仪表制造业	761628	508549
其他制造业	62389	52364
废弃资源综合利用业	90266	140757
金属制品、机械和设备修理业	38792	44241

1-7-2 续表

单位：万元

行　业	研究开发费用加计扣除减免税	高新技术企业减免税
电力、热力、燃气及水生产和供应业	**386811**	**1361352**
电力、热力生产和供应业	264112	232790
燃气生产和供应业	34944	1087336
水的生产和供应业	87755	41226
建筑业	**1414646**	**1648415**
房屋建筑业	526709	849955
土木工程建筑业	672883	638277
建筑安装业	100162	101711
建筑装饰、装修和其他建筑业	114891	58473
交通运输、仓储和邮政业	**160527**	**93271**
铁路运输业	7910	5328
道路运输业	60138	53933
水上运输业	17624	12639
航空运输业	8050	1009
管道运输业	23363	1298
装卸搬运和运输代理业	23907	5505
仓储业	15903	13560
邮政业	3632	
信息传输、软件和信息技术服务业	**6823148**	**4634789**
电信、广播电视和卫星传输服务	194343	45851
互联网和相关服务	1815713	2423804
软件和信息技术服务业	4813092	2165134
租赁和商务服务业	**293098**	**100118**
租赁业	6547	12615
商务服务业	286551	87503
科学研究和技术服务业	**1624608**	**1279000**
研究和试验发展	386671	257445
专业技术服务业	991224	908817
科技推广和应用服务业	246712	112738
水利、环境和公共设施管理业	**58595**	**45860**
水利管理业	2250	2353
生态保护和环境治理业	35590	31018
公共设施管理业	20203	12176
土地管理业	553	313
卫生和社会工作	**54395**	**43781**
卫生	54200	43710
社会工作	195	71
文化、体育和娱乐业	**31334**	**30335**
新闻和出版业	5155	2150
广播、电视、电影和影视录音制作业	19301	22582
文化艺术业	1832	1450
体育	434	1045
娱乐业	4611	3107

1-7-3　各地区全部企业政府相关政策落实情况

单位：万元

地　区	研究开发费用加计扣除减免税	高新技术企业减免税
全　国	**40824244**	**30920109**
东部地区	28951703	22678601
中部地区	7570447	4748848
西部地区	3473243	2329047
东北地区	828852	1163613
北　京	3096986	2093261
天　津	417748	432088
河　北	818979	696002
山　西	468895	248461
内蒙古	201173	336913
辽　宁	416605	376462
吉　林	249304	642231
黑龙江	162943	144920
上　海	2577555	2114087
江　苏	4389287	3638545
浙　江	4321099	4156201
安　徽	1776591	1032696
福　建	985907	859789
江　西	943509	715362
山　东	2432346	1971046
河　南	922396	677367
湖　北	1664651	1025753
湖　南	1794406	1049209
广　东	9813621	6667511
广　西	345828	127203
海　南	98174	50071
重　庆	447735	147129
四　川	969128	425246
贵　州	238931	55271
云　南	196573	207822
西　藏	10355	3477
陕　西	596399	468635
甘　肃	117703	51927
青　海	62571	75963
宁　夏	95788	43683
新　疆	191060	385778

第二部分

工业企业研发活动情况

1

工业企业 R&D 及相关活动主要指标

(2023)

2-1-1 工业企业R&D及相关活动主要指标

主要指标	单位	2017	2018	2019	2020	2021	2022	2023
企业基本情况								
#有R&D活动的企业	个	102218	104820	129198	146691	169224	175619	151290
#有研发机构的企业	个	70636	72607	85274	94072	108667	124303	135972
#有新产品销售的企业	个	83978	94112	111755	127538	149434	163860	174205
R&D人员情况								
R&D人员	人	4045058	4261170	4440550	4767501	5559580	5988158	6396445
#女性	人	902163	951481	972400	1057078	1234522	1337605	1428213
#研究人员	人	1287710	1324445	1367520	1444084	1575230	1665395	1784759
#全时人员	人	2983752	3175714	3298291	3544185	3932866	4190117	4465358
R&D人员折合全时当量	人年	2736244	2981234	3151828	3460409	3826651	4214666	4816705
R&D经费情况								
R&D经费内部支出	万元	120129589	129548264	139710989	152712905	175142461	193617617	209698997
按支出用途分								
1.日常性支出	万元	107621174	117124226	129186676	141217920	163843613	181757544	194427867
#人员劳务费	万元	35533459	38752693	41311298	48521062	52384243	61598684	66572134
2.资产性支出	万元	12508414	12424037	10524314	11494985	11298849	11860073	15271130
#仪器和设备	万元	12281173	12175462	10203169	11220043	10951182	11528822	14912204
按资金来源分								
政府资金	万元	4101098	4232715	5747869	4189938	5114596	4828868	4016788
企业资金	万元	114818640	123893527	133942131	147914094	169672996	188512489	205166436
境外资金	万元	358174	456015	12807	393306	227292	148973	307715
其他资金	万元	851676	966007	8182	215566	127577	127287	208058
R&D经费外部支出	万元	6984338	8699801	8930340	10084884	12832845	13939063	14066973
#对境内研究机构支出	万元	2725692	3384804	3138621	3452161	4099679	3614094	3823798
对境内高等学校支出	万元	700412	643805	603636	621689	731866	824108	814995
对境外支出	万元	1100000	1200642	1212109	1435326	1537739	1445722	1233099

2-1-1 续表

主 要 指 标	单位	2017	2018	2019	2020	2021	2022	2023
企业办研发机构情况								
机构数	个	82667	83115	95459	105094	120367	136836	149068
机构人员数	人	3254179	3182794	3416317	3713270	4124619	4418883	4588805
#博士	人	50889	44514	44883	45717	52493	51765	54545
硕士	人	393077	379066	384961	413862	458270	422451	451970
机构经费支出	万元	89554910	103212643	121754828	135835614	168789717	181613342	196264429
仪器和设备原价	万元	88837085	80478382	94245107	98513503	116100701	138758055	151247545
新产品开发及销售情况								
新产品开发项目数	项	477861	558305	671799	788125	958709	1093975	1204643
新产品开发经费支出	万元	134978371	149872196	169857185	186237781	226528583	255399644	275638464
新产品销售收入	万元	1915686889	1970940694	2120602638	2380736642	2955666961	3279829736	3413340364
#新产品出口	万元	349447537	361608191	392692888	438532723	524170891	558597692	554797551
自主知识产权及相关情况								
专利申请数	件	817037	957298	1059808	1243927	1403611	1507296	1565960
#发明专利	件	320626	371569	398802	446069	494589	554615	613602
有效发明专利数	件	933990	1094200	1218074	1447950	1691909	1981098	2227602
拥有注册商标数	件	566456	691945	823113	973541	1166458	1370318	1494057
形成国家或行业标准数	项	24418	22533	26932	29297	34906	54080	50424
政府相关政策落实情况								
研究开发费用加计扣除减免税	万元	5699008	8814578	13996916	17134089	20916773	29942729	30355765
高新技术企业减免税	万元	10622729	12250169	14237952	16398229	25039496	23830069	23043184
技术获取和技术改造情况								
引进技术经费支出	万元	3993153	4652681	4766901	4599504	5077563	3562810	3902437
消化吸收经费支出	万元	1185389	910077	967692	755939	808990	857651	601065
购买境内技术经费支出	万元	2008696	4401696	5374093	4567145	4642926	5999920	4718579
技术改造经费支出	万元	31033792	32334113	37401531	35166780	38442352	39683844	33324317

2-1-2 大型工业企业R&D及相关活动主要指标

主 要 指 标	单位	2017	2018	2019	2020	2021	2022	2023
企业基本情况								
#有R&D活动的企业	个	6261	5646	5607	5798	6345	6194	6172
#有研发机构的企业	个	5118	4515	4339	4404	4717	4610	4598
#有新产品销售的企业	个	5263	5054	4980	5085	5465	5286	5138
R&D人员情况								
R&D人员	人	1726881	1757080	1631071	1682971	1959900	2150885	2269235
#女性	人	382412	384653	346088	360099	421727	467647	479024
#研究人员	人	624325	634499	597336	605643	671618	724565	762127
#全时人员	人	1258937	1290237	1196001	1227881	1412089	1540372	1609523
R&D人员折合全时当量	人年	1200498	1242826	1174900	1251259	1379830	1549675	1729511
R&D经费情况								
R&D经费内部支出	万元	61717921	65935256	67378656	71636955	82584747	90816575	100793209
按支出用途分								
1.日常性支出	万元	56239678	59897167	62078515	66441582	77011640	84961041	93187363
#人员劳务费	万元	19473953	21385892	21703732	24136029	26622969	31057247	33518554
2.资产性支出	万元	5478243	6038089	5300141	5195373	5573107	5855534	7605846
#仪器和设备	万元	5353386	5913139	5153631	5069011	5419224	5687179	7434841
按资金来源分								
政府资金	万元	2536235	2290353	3961018	2765580	3431377	3226864	2490923
企业资金	万元	58638577	62839365	63405204	68553672	78987518	87447012	98030259
境外资金	万元	229711	297828	9338	197564	102754	67812	177172
其他资金	万元	313398	507709	3097	120139	63098	74887	94855
R&D经费外部支出	万元	5033217	6236769	6166458	6761107	8778195	9889916	9434446
#对境内研究机构支出	万元	2029103	2760469	2451806	2642685	3163501	2877016	3002183
对境内高等学校支出	万元	385059	378114	320064	325830	396684	460443	453518
对境外支出	万元	880091	879476	915184	1080277	1131491	1130250	882496

2-1-2 续表

主 要 指 标	单位	2017	2018	2019	2020	2021	2022	2023
企业办研发机构情况								
机构数	个	9098	7884	7368	7466	7909	7907	7798
机构人员数	人	1463753	1373096	1387801	1448546	1581268	1565171	1550277
#博士	人	22013	20315	19569	20807	22840	18680	19013
硕士	人	255872	252229	248640	271078	291498	237789	244809
机构经费支出	万元	51386158	58328520	68092110	73172184	87741923	87322154	92050298
仪器和设备原价	万元	43771868	38495316	39095016	41288597	47543931	57970764	56748858
新产品开发及销售情况								
新产品开发项目数	项	94581	96795	101093	109358	125384	136386	143999
新产品开发经费支出	万元	69246541	75071671	81270224	86978737	102305264	114975574	120604281
新产品销售收入	万元	1190309442	1164840565	1184362707	1284614231	1533426481	1648954903	1682742345
#新产品出口	万元	254236347	255928519	263879813	301046898	353458445	372416880	376023156
自主知识产权及相关情况								
专利申请数	件	313051	345999	355360	398799	441341	481220	499876
#发明专利	件	156561	172375	191078	210081	237721	269813	289467
有效发明专利数	件	426799	462967	518778	601184	725160	822574	935367
拥有注册商标数	件	263050	291165	327954	362523	421613	487291	511289
形成国家或行业标准数	项	8998	7919	10238	9883	11837	11982	13961
政府相关政策落实情况								
研究开发费用加计扣除减免税	万元	2615269	4230794	6307225	7207744	8886072	13036803	12460201
高新技术企业减免税	万元	5743543	6677330	7334495	7665115	14422833	11644592	10881601
技术获取和技术改造情况								
引进技术经费支出	万元	3295071	4138157	4264010	4055245	4641255	3153292	3386648
消化吸收经费支出	万元	1059449	816043	886451	628134	696701	806511	553018
购买境内技术经费支出	万元	1545391	3537849	4656270	3440785	3352816	3624986	4007608
技术改造经费支出	万元	21419776	22953957	27914272	25084801	26527690	27484466	22447605

2-1-3 中型工业企业R&D及相关活动主要指标

主要指标	单位	2017	2018	2019	2020	2021	2022	2023
企业基本情况								
#有R&D活动的企业	个	22239	20099	20886	21993	23448	23329	22795
#有研发机构的企业	个	16987	15124	14806	15498	16332	16706	16920
#有新产品销售的企业	个	18461	18112	18619	19531	20771	20735	20502
R&D人员情况								
R&D人员	人	1078761	1110880	1161084	1234883	1412321	1531395	1625918
#女性	人	248248	260168	267605	288099	328889	354886	375886
#研究人员	人	311594	312056	329495	354816	378055	395578	430357
#全时人员	人	802440	830950	858012	910486	986581	1049756	1119334
R&D人员折合全时当量	人年	730921	773639	821271	894699	972653	1071060	1213604
R&D经费情况								
R&D经费内部支出	万元	28043954	29491692	32590648	36085738	40233579	44869385	48665543
按支出用途分								
1.日常性支出	万元	24944282	26659452	30146979	33020415	37566536	42080787	45095643
#人员劳务费	万元	8085716	8600805	9556880	11264583	11982548	14210237	15573902
2.资产性支出	万元	3099672	2832240	2443668	3065323	2667043	2788598	3569900
#仪器和设备	万元	3052711	2779710	2367131	3003649	2582209	2715666	3483077
按资金来源分								
政府资金	万元	754053	877303	959847	731327	895781	865052	813072
企业资金	万元	26957252	28308869	31625930	35172297	39226787	43927062	47715257
境外资金	万元	77322	95725	1580	143630	83550	55617	93399
其他资金	万元	255327	209795	3291	38484	27462	21654	43815
R&D经费外部支出	万元	1088026	1310508	1529367	1933794	2343016	2191549	2685444
#对境内研究机构支出	万元	429976	383128	404107	490235	623114	420580	466314
对境内高等学校支出	万元	115028	100445	104736	122018	139731	149183	150861
对境外支出	万元	160731	199490	180842	243727	270871	177956	199476

2-1-3 续表

主 要 指 标	单位	2017	2018	2019	2020	2021	2022	2023
企业办研发机构情况								
机构数	个	20879	18516	18171	19048	19963	20708	21062
机构人员数	人	899197	849941	894362	982125	1071318	1154227	1191062
#博士	人	12199	9764	9985	9946	10743	11615	11728
硕士	人	73048	64449	68466	74807	81912	89289	93872
机构经费支出	万元	20028541	22076921	25368832	29307742	36762819	42621946	45766259
仪器和设备原价	万元	23911706	21795886	27278048	25260327	29030727	35141455	42482193
新产品开发及销售情况								
新产品开发项目数	项	127867	136501	151965	171443	197096	214038	229519
新产品开发经费支出	万元	31393976	33673328	39054557	42460714	51513284	58072785	62453794
新产品销售收入	万元	409260055	426325589	476535887	546962019	689085165	777844377	804822351
#新产品出口	万元	63368543	67515546	77385250	80995006	101638618	107954385	99830274
自主知识产权及相关情况								
专利申请数	件	183209	195150	218956	250818	265938	286139	286508
#发明专利	件	61815	69479	76676	86005	88646	102453	109774
有效发明专利数	件	205928	229321	241693	278673	294054	349269	379860
拥有注册商标数	件	153505	180714	209966	253134	284662	331611	354932
形成国家或行业标准数	项	7432	6864	7539	8754	10119	20135	17576
政府相关政策落实情况								
研究开发费用加计扣除减免税	万元	1619268	2267609	3761724	4355167	5214377	7183621	7240450
高新技术企业减免税	万元	3090916	3432369	4143238	5063874	6040940	6805040	6425425
技术获取和技术改造情况								
引进技术经费支出	万元	407226	358879	360993	374607	309699	312444	387349
消化吸收经费支出	万元	88932	54750	61984	42960	92806	46313	36424
购买境内技术经费支出	万元	275333	569065	432863	668042	653216	2052723	402393
技术改造经费支出	万元	5631711	5427373	5335797	5754538	6795947	7155921	6371152

2-1-4 小微型工业企业R&D及相关活动主要指标

主 要 指 标	单位	2017	2018	2019	2020	2021	2022	2023
企业基本情况								
#有R&D活动的企业	个	73718	79075	102705	118900	139431	146096	122323
#有研发机构的企业	个	48531	52968	66129	74170	87618	102987	114454
#有新产品销售的企业	个	60254	70946	88156	102922	123198	137839	148565
R&D人员情况								
R&D人员	人	1239416	1393210	1648395	1849647	2187359	2305878	2501292
#女性	人	271503	306660	358707	408880	483906	515072	573303
#研究人员	人	351791	377890	440689	483625	525557	545252	592275
#全时人员	人	922375	1054527	1244278	1405818	1534196	1599989	1736501
R&D人员折合全时当量	人年	804825	964769	1155657	1314451	1474168	1593931	1873589
R&D经费情况								
R&D经费内部支出	万元	30367714	34121316	39741686	44990212	52324136	57931657	60240245
按支出用途分								
1.日常性支出	万元	26437214	30567608	36961182	41755923	49265436	54715716	56144861
#人员劳务费	万元	7973790	8765997	10050687	13120449	13778726	16331200	17479678
2.资产性支出	万元	3930499	3553709	2780504	3234289	3058699	3215941	4095384
#仪器和设备	万元	3875076	3482614	2682407	3147383	2949749	3125976	3994286
按资金来源分								
政府资金	万元	810810	1065060	827005	693031	787439	736952	712793
企业资金	万元	29222811	32745293	38910997	44188125	51458691	57138416	59420920
境外资金	万元	51142	62461	1890	52113	40988	25543	37144
其他资金	万元	282951	248503	1795	56943	37018	30746	69388
R&D经费外部支出	万元	863095	1152524	1234515	1389983	1711634	1857598	1947083
#对境内研究机构支出	万元	266613	241207	282708	319241	313064	316499	355301
对境内高等学校支出	万元	200325	165246	178836	173840	195450	214482	210617
对境外支出	万元	59179	121676	116083	111322	135377	137516	151127

2-1-4 续表

主要指标	单位	2017	2018	2019	2020	2021	2022	2023
企业办研发机构情况								
机构数	个	52690	56715	69920	78580	92495	108221	120208
机构人员数	人	891229	959757	1134154	1282599	1472033	1699485	1847466
#博士	人	16677	14435	15329	14964	18910	21470	23804
硕士	人	64157	62388	67855	67977	84860	95373	113289
机构经费支出	万元	18140211	22807203	28293886	33355688	44284975	51669242	58447871
仪器和设备原价	万元	21153511	20187179	27872043	31964580	39526043	45645836	52016494
新产品开发及销售情况								
新产品开发项目数	项	255413	325009	418741	507324	636229	743551	831125
新产品开发经费支出	万元	34337854	41127197	49532404	56798331	72710035	82351285	92580389
新产品销售收入	万元	316117392	379774540	459704043	549160393	733155315	853030455	925775668
#新产品出口	万元	31842647	38164126	51427825	56490819	69073829	78226427	78944121
自主知识产权及相关情况								
专利申请数	件	320777	416149	485492	594310	696332	739937	779576
#发明专利	件	102250	129715	131048	149983	168222	182349	214361
有效发明专利数	件	301263	401912	457603	568093	672695	809255	912375
拥有注册商标数	件	149901	220066	285193	357884	460183	551416	627836
形成国家或行业标准数	项	7988	7750	9155	10660	12950	21963	18887
政府相关政策落实情况								
研究开发费用加计扣除减免税	万元	1464471	2316176	3927967	5571178	6816323	9722304	10655115
高新技术企业减免税	万元	1788269	2140470	2760218	3669240	4575723	5380437	5736159
技术获取和技术改造情况								
引进技术经费支出	万元	290857	155645	141898	169651	126610	97074	128441
消化吸收经费支出	万元	37009	39283	19257	84845	19484	4827	11624
购买境内技术经费支出	万元	187973	294782	284960	458317	636894	322211	308578
技术改造经费支出	万元	3982306	3952783	4151462	4327441	5118715	5043457	4505560

2-1-5 分登记注册统计类别国有控股工业企业R&D及相关活动主要指标

主 要 指 标	单位	2017	2018	2019	2020	2021	2022	2023
企业基本情况								
#有R&D活动的企业	个	6472	6122	6900	7907	8876	9494	9682
#有研发机构的企业	个	3968	3703	4009	4524	5062	5648	5791
#有新产品销售的企业	个	4786	4880	5480	5886	6560	6985	6928
R&D人员情况								
R&D人员	人	948206	878991	815869	818382	940945	1040991	1112725
#女性	人	199616	180322	160359	161016	181355	201343	210003
#研究人员	人	390519	363535	350329	351296	385021	415053	436812
#全时人员	人	652460	607102	565249	553456	615577	671412	686382
R&D人员折合全时当量	人年	636281	583220	550286	560415	602300	681828	767021
R&D经费情况								
R&D经费内部支出	万元	30818356	32036466	32694531	34621721	40448718	43923480	48545195
按支出用途分								
1.日常性支出	万元	28051010	29413488	30598262	32267741	36983907	40792342	44527639
#人员劳务费	万元	9121481	9925721	9864130	10581619	11621338	13614759	14344822
2.资产性支出	万元	2767346	2622978	2096269	2353980	3464811	3131138	4017556
#仪器和设备	万元	2691961	2554728	2024442	2288923	3376213	3049948	3909937
按资金来源分								
政府资金	万元	2251823	2229220	2850488	2443200	2725527	2933695	2315156
企业资金	万元	28225360	29394235	29837761	32030793	37651684	40935780	46149106
境外资金	万元	78103	112199	3078	74052	34188	13321	10370
其他资金	万元	263070	300812	3204	73676	37319	40684	70563
R&D经费外部支出	万元	2791660	3098091	3128428	3357038	4058381	4333755	4203599
#对境内研究机构支出	万元	797422	799567	658467	755865	970620	850058	1106312
对境内高等学校支出	万元	296231	286159	302952	307785	371609	412520	438895
对境外支出	万元	496563	413047	359077	408854	234989	273059	156974

2-1-5 续表

主 要 指 标	单位	2017	2018	2019	2020	2021	2022	2023
企业办研发机构情况								
机构数	个	6335	5761	6001	6604	7274	7992	7956
机构人员数	人	646284	615002	588391	614042	649597	700809	636220
#博士	人	11025	10318	9136	9860	10771	11320	10858
硕士	人	144650	143352	134888	144561	155519	159807	139522
机构经费支出	万元	20378070	24441884	28107153	29575193	36168282	40220224	38928881
仪器和设备原价	万元	28781731	21671202	26923253	25784923	32086656	41076149	39314384
新产品开发及销售情况								
新产品开发项目数	项	68188	71746	79233	89771	103303	113817	125612
新产品开发经费支出	万元	32036627	34261127	36688851	39388275	48153696	52380712	51769181
新产品销售收入	万元	509373434	480304588	498372628	515049708	614620044	641298122	630486722
#新产品出口	万元	43836940	44029983	44031308	37752355	50824892	58053062	64039913
自主知识产权及相关情况								
专利申请数	件	171917	191105	186220	211160	237936	267220	271262
#发明专利	件	85328	93725	94356	110326	128247	153404	166990
有效发明专利数	件	250556	255311	282263	315689	389604	443471	473140
拥有注册商标数	件	115717	124083	124752	138732	161770	190931	195843
形成国家或行业标准数	项	6713	6141	6236	7240	8454	8507	10160
政府相关政策落实情况								
研究开发费用加计扣除减免税	万元	1484313	1990116	2929074	3089294	3944820	5374786	4922825
高新技术企业减免税	万元	2288865	2373592	2413824	2690236	3985403	4683704	5218144
技术获取和技术改造情况								
引进技术经费支出	万元	2199183	2368195	2836651	1917649	3050467	2201714	1748916
消化吸收经费支出	万元	760578	678418	791106	581535	649834	630048	501612
购买境内技术经费支出	万元	805439	1872494	1913646	1446054	1684024	1651071	2033996
技术改造经费支出	万元	15810336	17026582	21917327	17913148	18748607	19448693	17214906

2-1-6 分登记注册统计类别内资工业企业R&D及相关活动主要指标

主 要 指 标	单位	2017	2018	2019	2020	2021	2022	2023
企业基本情况								
#有R&D活动的企业	个	86671	90473	113548	130299	152362	159256	138324
#有研发机构的企业	个	57928	60780	73205	82010	96483	112057	124351
#有新产品销售的企业	个	70678	80915	97725	112890	134404	148907	159956
R&D人员情况								
R&D人员	人	3195338	3365482	3583372	3877326	4549593	4914140	5329028
#女性	人	702016	737549	771514	842621	989225	1075809	1176103
#研究人员	人	1041853	1062660	1113194	1180438	1289554	1356172	1467125
#全时人员	人	2325327	2488360	2646352	2870665	3197374	3413897	3678803
R&D人员折合全时当量	人年	2119652	2327232	2515116	2790079	3110457	3430498	3978276
R&D经费情况								
R&D经费内部支出	万元	94230092	102720472	112189638	122726840	141368113	156895666	172123465
按支出用途分								
1.日常性支出	万元	83927446	92724811	103723390	113290764	132097117	147073315	159065089
#人员劳务费	万元	26967896	29781333	31984040	37880429	40591780	48140719	52335807
2.资产性支出	万元	10302645	9995661	8466248	9436077	9270996	9822352	13058376
#仪器和设备	万元	10107111	9793899	8196479	9206796	8987324	9533581	12763861
按资金来源分								
政府资金	万元	3708631	3843098	5156417	3768931	4527174	4442280	3664947
企业资金	万元	89709083	97780689	107015751	118647839	136677488	152308717	168200852
境外资金	万元	85510	276858	10666	173920	77830	37625	66097
其他资金	万元	726867	819827	6804	136151	85621	107044	191569
R&D经费外部支出	万元	5443888	6881249	7057264	7912575	10182635	11255492	11556143
#对境内研究机构支出	万元	2435930	3071197	2756217	3152295	3753970	3364912	3546961
对境内高等学校支出	万元	634350	587752	555818	567170	668110	750914	740888
对境外支出	万元	559283	598282	629538	684505	755676	808798	600311

2-1-6 续表

主 要 指 标	单位	2017	2018	2019	2020	2021	2022	2023
企业办研发机构情况								
机构数	个	68201	69941	82176	91708	106772	123132	135986
机构人员数	人	2453664	2438895	2672272	2941976	3283047	3569819	3764045
#博士	人	43543	38485	38608	39941	45742	44136	46612
硕士	人	323697	311124	318419	348790	379180	340996	362433
机构经费支出	万元	66641469	78453332	95145340	108024780	134075543	144051795	157623471
仪器和设备原价	万元	65014951	60381864	73495534	73521672	89873104	110174846	124990142
新产品开发及销售情况								
新产品开发项目数	项	388276	463865	568733	676688	832694	962722	1069652
新产品开发经费支出	万元	103371254	116493351	133642655	148203396	180987608	205724545	223568696
新产品销售收入	万元	1334941713	1438177877	1557714924	1766019670	2235244839	2559898028	2711802539
#新产品出口	万元	172039156	185889554	217761381	232404310	288608462	321648632	340978745
自主知识产权及相关情况								
专利申请数	件	688531	819575	912864	1082747	1224747	1318991	1364273
#发明专利	件	274490	321873	343664	389329	429773	485582	527996
有效发明专利数	件	771070	907856	1028567	1233554	1450729	1706014	1900810
拥有注册商标数	件	459251	567378	687180	820851	977602	1156204	1254063
形成国家或行业标准数	项	21256	20142	22238	25762	30418	49174	44726
政府相关政策落实情况								
研究开发费用加计扣除减免税	万元	4410704	6896982	10873480	13729623	16954792	24421972	24434545
高新技术企业减免税	万元	7362690	8891593	10402673	12099271	19786377	17013849	16646076
技术获取和技术改造情况								
引进技术经费支出	万元	1515026	1845316	2057486	2189507	1634853	1299302	976067
消化吸收经费支出	万元	523899	255533	141764	173486	98733	221903	131392
购买境内技术经费支出	万元	1752905	3981398	4894850	4042206	4102424	5280650	4149295
技术改造经费支出	万元	25167642	26859696	31182278	29275188	32026605	33166748	27957470

2-1-7 分登记注册统计类别港澳台商投资工业企业R&D及相关活动主要指标

主 要 指 标	单位	2017	2018	2019	2020	2021	2022	2023
企业基本情况								
#有R&D活动的企业	个	7581	6831	7418	7711	7973	7589	6139
#有研发机构的企业	个	6497	5868	6130	6206	6273	6326	6132
#有新产品销售的企业	个	6536	6276	6673	6950	7036	7014	7014
R&D人员情况								
R&D人员	人	427185	435717	412326	434803	489602	538029	571909
#女性	人	105280	108264	99169	107629	119791	130538	134677
#研究人员	人	109851	117566	110188	115905	125142	140651	160493
#全时人员	人	330836	335318	316040	332406	361994	400275	431565
R&D人员折合全时当量	人年	303102	319641	314242	332813	354588	402088	458589
R&D经费情况								
R&D经费内部支出	万元	11150543	11307500	11383701	12561629	14480915	16037512	18361276
按支出用途分								
1.日常性支出	万元	10089010	10206656	10639512	11759149	13582098	15181736	17226377
#人员劳务费	万元	3692209	3792314	3849975	4551516	5254545	6106193	6952340
2.资产性支出	万元	1061532	1100844	744189	802480	898817	855776	1134899
#仪器和设备	万元	1049884	1080849	720601	787352	873179	837089	1097262
按资金来源分								
政府资金	万元	208422	187070	213524	157927	202396	178066	132919
企业资金	万元	10824734	11033606	11169403	12330953	14230938	15822770	18114544
境外资金	万元	48477	47290	306	62901	43683	34098	108820
其他资金	万元	68909	39534	468	9848	3897	2578	4992
R&D经费外部支出	万元	384999	620419	572765	595916	948497	777042	925746
#对境内研究机构支出	万元	114287	128851	146038	118930	232657	135992	142613
对境内高等学校支出	万元	35570	26629	22055	27010	27021	40060	29496
对境外支出	万元	93252	142671	106469	140945	221620	163293	198318

2-1-7　续表

主 要 指 标	单位	2017	2018	2019	2020	2021	2022	2023
企业办研发机构情况								
机构数	个	7479	6567	6763	6919	6968	7105	6863
机构人员数	人	424107	380490	387441	403716	447707	458206	457177
#博士	人	3345	2495	2633	2605	2988	3421	4117
硕士	人	28229	27266	26145	26461	34688	34950	40502
机构经费支出	万元	10445729	10627583	11460124	12197413	15461407	17508955	18601002
仪器和设备原价	万元	8740241	9250407	9703657	11058314	11963198	12864926	12030921
新产品开发及销售情况								
新产品开发项目数	项	43324	44253	48400	52612	59539	62068	66855
新产品开发经费支出	万元	13694049	13938026	14875719	15576264	19980053	22274839	24912212
新产品销售收入	万元	260442342	233315345	252177740	271243951	344727307	338522892	352470969
#新产品出口	万元	102579702	94313186	97354532	115171209	138232927	132878036	112757495
自主知识产权及相关情况								
专利申请数	件	67597	68851	70919	73083	83644	92506	102724
#发明专利	件	24272	25946	25564	24182	29775	34792	41888
有效发明专利数	件	81769	89280	93651	104000	111913	131089	165138
拥有注册商标数	件	57808	66666	71431	80502	99556	116785	126652
形成国家或行业标准数	项	1735	1273	3425	2033	2672	2667	3119
政府相关政策落实情况								
研究开发费用加计扣除减免税	万元	597347	780544	1393996	1400581	1807858	2531065	2927693
高新技术企业减免税	万元	1719171	1563500	1727469	1917294	2249715	3362300	2232530
技术获取和技术改造情况								
引进技术经费支出	万元	157368	120032	92448	82634	70321	82364	99330
消化吸收经费支出	万元	126195	10600	26255	5964	8423	5432	7296
购买境内技术经费支出	万元	141363	152101	222389	227371	190503	302639	332454
技术改造经费支出	万元	2465484	2280659	2430982	2226357	2878163	2966319	2578165

2-1-8 分登记注册统计类别外商投资工业企业R&D及相关活动主要指标

主 要 指 标	单位	2017	2018	2019	2020	2021	2022	2023
企业基本情况								
#有R&D活动的企业	个	7966	7516	8232	8681	8889	8774	6827
#有研发机构的企业	个	6211	5959	5939	5856	5911	5920	5489
#有新产品销售的企业	个	6764	6921	7357	7698	7994	7939	7235
R&D人员情况								
R&D人员	人	422535	459971	444852	455372	520385	535989	495508
#女性	人	94867	105668	101717	106828	125506	131258	117433
#研究人员	人	136006	144219	144138	147741	160534	168572	157141
#全时人员	人	327589	352036	335899	341114	373498	375945	354990
R&D人员折合全时当量	人年	313490	334362	322470	337516	361606	382081	379840
R&D经费情况								
R&D经费内部支出	万元	14748955	15520292	16137651	17424436	19293434	20684440	19214256
按支出用途分								
1.日常性支出	万元	13604718	14192759	14823774	16168008	18164398	19502494	18136401
#人员劳务费	万元	4873353	5179046	5477283	6089116	6537917	7351773	7283988
2.资产性支出	万元	1144237	1327533	1313877	1256428	1129035	1181946	1077855
#仪器和设备	万元	1124178	1300714	1286089	1225896	1090679	1158152	1051081
按资金来源分								
政府资金	万元	184045	202548	377928	263080	385026	208522	218922
企业资金	万元	14284824	15079232	15756976	16935303	18764570	20381003	18851040
境外资金	万元	224187	131867	1835	156485	105779	77250	132798
其他资金	万元	55899	106645	911	69568	38059	17665	11497
R&D经费外部支出	万元	1155452	1198133	1300312	1576393	1701714	1906529	1585083
#对境内研究机构支出	万元	175474	184755	236366	180936	113052	113190	134225
对境内高等学校支出	万元	30491	29424	25763	27509	36735	33135	44611
对境外支出	万元	447465	459688	476102	609876	560443	473631	434470

2-1-8 续表

主要指标	单位	2017	2018	2019	2020	2021	2022	2023
企业办研发机构情况								
机构数	个	6987	6607	6520	6467	6627	6599	6219
机构人员数	人	376408	363409	356604	367578	393865	390858	367583
#博士	人	4001	3534	3642	3171	3763	4208	3816
硕士	人	41151	40676	40397	38611	44402	46505	49035
机构经费支出	万元	12467713	14131728	15149364	15613421	19252767	20052591	20039956
仪器和设备原价	万元	15081893	10846110	11045916	13933517	14264399	15718283	14226482
新产品开发及销售情况								
新产品开发项目数	项	46261	50187	54666	58825	66476	69185	68136
新产品开发经费支出	万元	17913068	19440818	21338811	22458122	25560922	27400261	27157556
新产品销售收入	万元	320302834	299447472	310709974	343473022	375694815	381408816	349066856
#新产品出口	万元	74828679	81405452	77576975	90957204	97329503	104071024	101061311
自主知识产权及相关情况								
专利申请数	件	60909	68872	76025	88097	95220	95799	98963
#发明专利	件	21864	23750	29574	32558	35041	34241	43718
有效发明专利数	件	81151	97064	95856	110396	129267	143995	161654
拥有注册商标数	件	49397	57901	64502	72188	89300	97329	113342
形成国家或行业标准数	项	1427	1118	1269	1502	1816	2239	2579
政府相关政策落实情况								
研究开发费用加计扣除减免税	万元	690956	1137053	1729440	2003886	2154123	2989693	2993528
高新技术企业减免税	万元	1540868	1795076	2107810	2381663	3003404	3453920	4164578
技术获取和技术改造情况								
引进技术经费支出	万元	2320759	2687334	2616968	2327363	3372389	2181144	2827041
消化吸收经费支出	万元	535294	643944	799672	576489	701834	630315	462377
购买境内技术经费支出	万元	114429	268197	256854	297569	349999	416632	236829
技术改造经费支出	万元	3400666	3193758	3788272	3665235	3537583	3550777	2788683

2-1-9　制造业企业R&D及相关活动主要指标

主　要　指　标	单位	2017	2018	2019	2020	2021	2022	2023
企业基本情况								
#有R&D活动的企业	个	100471	102980	126844	143739	165664	171557	147094
#有研发机构的企业	个	69743	71744	84209	92771	107017	122361	133509
#有新产品销售的企业	个	83508	93520	111047	126682	148274	162456	172259
R&D人员情况								
R&D人员	人	3858684	4103797	4271143	4591431	5341902	5735709	6098785
#女性	人	872824	927271	946674	1033882	1205271	1303683	1387367
#研究人员	人	1217230	1264354	1302499	1379148	1497890	1581256	1684293
#全时人员	人	2885018	3089950	3203279	3450135	3824038	4070032	4338884
R&D人员折合全时当量	人年	2633102	2892214	3050489	3356496	3708626	4074219	4635116
R&D经费情况								
R&D经费内部支出	万元	116246712	125144216	135385064	147838121	169143488	186195866	201079062
按支出用途分								
1.日常性支出	万元	104330807	113189976	125234164	136808834	158345714	174750049	186429639
#人员劳务费	万元	34356395	37391240	39931461	47015938	50676665	59350304	63882362
2.资产性支出	万元	11915905	11954240	10150900	11029287	10797774	11445818	14649423
#仪器和设备	万元	11706370	11721056	9844758	10772071	10471977	11140604	14314667
按资金来源分								
政府资金	万元	3950547	4094011	5605382	4099285	5051886	4763614	3967590
企业资金	万元	111111060	119681234	129760586	143136659	163744335	181158729	196606203
境外资金	万元	356336	446176	12796	392052	227292	148947	306821
其他资金	万元	828769	922795	6301	210125	119975	124577	198448
R&D经费外部支出	万元	6518166	8128437	8288057	9328993	11994779	12834530	12851603
#对境内研究机构支出	万元	2602517	3234372	3007570	3316774	3948118	3405421	3542723
对境内高等学校支出	万元	592046	519319	467817	489116	571455	604432	577937
对境外支出	万元	1094643	1191027	1207898	1429635	1536147	1443677	1230966

2-1-9 续表

主 要 指 标	单位	2017	2018	2019	2020	2021	2022	2023
企业办研发机构情况								
机构数	个	81499	82000	94113	103543	118485	134633	146330
机构人员数	人	3170175	3105363	3345546	3632656	4035724	4316474	4473789
#博士	人	48229	42008	42828	43566	50291	49612	52088
硕士	人	375544	363285	370786	397938	442274	405752	432004
机构经费支出	万元	87665861	101058273	119723431	133375589	165555685	177468097	191217268
仪器和设备原价	万元	85807251	78115865	91377251	94901503	111215808	132798530	143612492
新产品开发及销售情况								
新产品开发项目数	项	470885	550311	661204	775219	942339	1073803	1180044
新产品开发经费支出	万元	132722574	147698898	167437639	183454509	222783181	250756165	269922184
新产品销售收入	万元	1895787388	1948308217	2096932213	2353288054	2923677950	3239486527	3369922062
#新产品出口	万元	349155460	361477276	391079539	438394304	523988409	558293590	554596918
自主知识产权及相关情况								
专利申请数	件	786864	915884	1018994	1195111	1343548	1443409	1488008
#发明专利	件	307355	355267	380514	421308	462070	518561	562766
有效发明专利数	件	908886	1061683	1174993	1397644	1625986	1910893	2130386
拥有注册商标数	件	564750	687885	818931	970407	1162973	1366309	1489176
形成国家或行业标准数	项	23569	21703	26241	28621	33978	53110	48468
政府相关政策落实情况								
研究开发费用加计扣除减免税	万元	5577241	8645062	13697071	16687858	20414130	29096465	29236586
高新技术企业减免税	万元	10498219	12067222	13936141	16024191	24384953	22831640	20898067
技术获取和技术改造情况								
引进技术经费支出	万元	3895798	4628695	4733561	4574083	5071525	3560285	3901668
消化吸收经费支出	万元	1076068	905020	962680	752616	802095	856671	601065
购买境内技术经费支出	万元	1929741	4268888	5292383	4486089	4480689	5736309	4302347
技术改造经费支出	万元	27220210	28904525	34400563	32116034	34839382	35885411	30147050

第二部分

工业企业研发活动情况

2

工业企业基本情况

(2023)

2-2-1 分登记注册统计类别工业企业基本情况

单位：个

登记注册统计类别	有R&D活动	有研发机构	有新产品销售
合　计	**151290**	**135972**	**174205**
内资企业	**138324**	**124351**	**159956**
有限责任公司	123064	110695	142668
股份有限公司	13449	12305	14935
非公司企业法人	417	357	448
个人独资企业	1182	831	1656
合伙企业	209	160	244
港澳台商投资	**6139**	**6132**	**7014**
港澳台投资有限责任公司	5391	5481	6270
港澳台投资股份有限公司	593	473	565
港澳台投资合伙企业	93	108	102
其他港澳台投资企业	62	70	77
外商投资	**6827**	**5489**	**7235**
外商投资有限责任公司	6130	4931	6549
外商投资股份有限公司	526	432	528
外商投资合伙企业	111	82	101
其他外商投资企业	60	44	57

2-2-2 分登记注册统计类别大型工业企业基本情况

单位：个

登记注册统计类别	有R&D活动	有研发机构	有新产品销售
合　计	**6172**	**4598**	**5138**
内资企业	**4587**	**3347**	**3721**
#有限责任公司	3235	2233	2482
股份有限公司	1317	1091	1214
非公司企业法人	35	23	24
港澳台商投资	**806**	**675**	**734**
港澳台投资有限责任公司	641	532	580
港澳台投资股份有限公司	131	113	125
港澳台投资合伙企业	20	20	19
其他港澳台投资企业	14	10	10
外商投资	**779**	**576**	**683**
外商投资有限责任公司	627	455	543
外商投资股份有限公司	128	103	120
外商投资合伙企业	15	8	10
其他外商投资企业	9	10	10

2-2-3　分登记注册统计类别中型工业企业基本情况

单位：个

登记注册统计类别	有R&D活动	有研发机构	有新产品销售
合　计	**22795**	**16920**	**20502**
内资企业	**18904**	**13763**	**16776**
有限责任公司	15099	10821	13214
股份有限公司	3659	2839	3431
非公司企业法人	83	61	71
个人独资企业	45	34	43
合伙企业	18	8	17
港澳台商投资	**1994**	**1726**	**1937**
港澳台投资有限责任公司	1716	1500	1673
港澳台投资股份有限公司	230	176	212
港澳台投资合伙企业	32	34	35
其他港澳台投资企业	16	16	17
外商投资	**1897**	**1431**	**1789**
外商投资有限责任公司	1630	1218	1532
外商投资股份有限公司	212	171	205
外商投资合伙企业	39	31	37
其他外商投资企业	16	11	15

2-2-4 分行业工业企业基本情况

单位：个

行　　业	有R&D活动	有研发机构	有新产品销售
合　计	**151290**	**135972**	**174205**
采矿业	**1789**	**1044**	**981**
煤炭开采和洗选业	611	312	113
石油和天然气开采业	58	39	13
黑色金属矿采选业	216	120	146
有色金属矿采选业	299	133	143
非金属矿采选业	533	401	536
开采及其他辅助性活动	69	38	28
制造业	**147094**	**133509**	**172259**
农副食品加工业	4795	4393	6849
食品制造业	2833	2511	3572
酒、饮料和精制茶制造业	1049	1123	1676
烟草制品业	97	86	99
纺织业	4957	5340	6534
纺织服装、服饰业	1995	2089	2668
皮革、毛皮、羽毛及其制品和制鞋业	1937	1704	2563
木材加工和木、竹、藤、棕、草制品业	2345	1682	3022
家具制造业	1481	1833	2459
造纸和纸制品业	1866	1927	2323
印刷和记录媒介复制业	1725	1764	2222
文教、工美、体育和娱乐用品制造业	2505	2754	3487
石油加工、炼焦和核燃料加工业	620	495	563
化学原料和化学制品制造业	9570	8867	10901
医药制造业	5090	3905	4432
化学纤维制造业	936	780	861
橡胶和塑料制品业	8089	8229	9994
非金属矿物制品业	10920	9329	11900
黑色金属冶炼和压延加工业	1526	1374	1602
有色金属冶炼和压延加工业	3127	2549	3303
金属制品业	10286	9851	12120
通用设备制造业	14245	12844	16997
专用设备制造业	12324	10256	13748
汽车制造业	7659	6130	8857
铁路、船舶、航空航天和其他运输设备制造业	2480	1820	2522
电气机械和器材制造业	14090	13557	16542
计算机、通信和其他电子设备制造业	13016	11945	14750
仪器仪表制造业	3772	2941	4036
其他制造业	680	623	773
废弃资源综合利用业	863	668	748
金属制品、机械和设备修理业	216	140	136
电力、热力、燃气及水生产和供应业	**2407**	**1419**	**965**
电力、热力生产和供应业	1513	811	558
燃气生产和供应业	363	258	167
水的生产和供应业	531	350	240

2-2-5　分行业大型工业企业基本情况

单位：个

行　　业	有R&D活动	有研发机构	有新产品销售
合　计	**6172**	**4598**	**5138**
采矿业	**352**	**196**	**69**
煤炭开采和洗选业	244	125	29
石油和天然气开采业	34	23	6
黑色金属矿采选业	26	17	9
有色金属矿采选业	26	17	14
非金属矿采选业	8	6	5
开采及其他辅助性活动	14	8	6
制造业	**5714**	**4349**	**5054**
农副食品加工业	100	84	121
食品制造业	127	97	115
酒、饮料和精制茶制造业	84	66	64
烟草制品业	24	24	24
纺织业	157	118	143
纺织服装、服饰业	75	61	77
皮革、毛皮、羽毛及其制品和制鞋业	88	54	69
木材加工和木、竹、藤、棕、草制品业	6	5	6
家具制造业	76	60	68
造纸和纸制品业	68	55	65
印刷和记录媒介复制业	29	21	26
文教、工美、体育和娱乐用品制造业	61	54	56
石油加工、炼焦和核燃料加工业	129	79	78
化学原料和化学制品制造业	313	238	250
医药制造业	275	226	236
化学纤维制造业	79	71	77
橡胶和塑料制品业	173	138	167
非金属矿物制品业	183	124	164
黑色金属冶炼和压延加工业	244	199	198
有色金属冶炼和压延加工业	210	143	149
金属制品业	210	157	179
通用设备制造业	319	254	287
专用设备制造业	269	199	238
汽车制造业	437	327	430
铁路、船舶、航空航天和其他运输设备制造业	166	101	123
电气机械和器材制造业	632	501	597
计算机、通信和其他电子设备制造业	1039	815	955
仪器仪表制造业	79	54	66
其他制造业	31	5	10
废弃资源综合利用业	8	7	5
金属制品、机械和设备修理业	23	12	11
电力、热力、燃气及水生产和供应业	**106**	**53**	**15**
电力、热力生产和供应业	73	35	11
燃气生产和供应业	13	8	2
水的生产和供应业	20	10	2

2–2–6 分行业中型工业企业基本情况

单位：个

行　业	有R&D活动	有研发机构	有新产品销售
合　计	**22795**	**16920**	**20502**
采矿业	**452**	**241**	**131**
煤炭开采和洗选业	255	127	34
石油和天然气开采业	7	1	
黑色金属矿采选业	46	29	23
有色金属矿采选业	89	50	35
非金属矿采选业	39	21	33
开采及其他辅助性活动	16	13	6
制造业	**21965**	**16500**	**20281**
农副食品加工业	546	432	632
食品制造业	500	383	498
酒、饮料和精制茶制造业	173	146	184
烟草制品业	32	30	32
纺织业	919	709	885
纺织服装、服饰业	503	387	456
皮革、毛皮、羽毛及其制品和制鞋业	392	271	318
木材加工和木、竹、藤、棕、草制品业	118	72	119
家具制造业	267	247	279
造纸和纸制品业	305	232	276
印刷和记录媒介复制业	266	214	254
文教、工美、体育和娱乐用品制造业	392	345	415
石油加工、炼焦和核燃料加工业	124	68	66
化学原料和化学制品制造业	1346	1008	1151
医药制造业	1094	826	857
化学纤维制造业	116	83	103
橡胶和塑料制品业	876	715	876
非金属矿物制品业	1329	885	1081
黑色金属冶炼和压延加工业	266	168	205
有色金属冶炼和压延加工业	495	329	419
金属制品业	1205	939	1095
通用设备制造业	1639	1248	1568
专用设备制造业	1423	1028	1312
汽车制造业	1599	1111	1568
铁路、船舶、航空航天和其他运输设备制造业	469	288	384
电气机械和器材制造业	2253	1781	2173
计算机、通信和其他电子设备制造业	2618	2030	2475
仪器仪表制造业	493	391	453
其他制造业	105	71	89
废弃资源综合利用业	57	38	35
金属制品、机械和设备修理业	45	25	23
电力、热力、燃气及水生产和供应业	**378**	**179**	**90**
电力、热力生产和供应业	256	117	55
燃气生产和供应业	53	23	13
水的生产和供应业	69	39	22

2-2-7　分行业国有控股工业企业基本情况

单位：个

行　　业	有R&D活动	有研发机构	有新产品销售
合　计	**9682**	**5791**	**6928**
采矿业	**687**	**353**	**199**
煤炭开采和洗选业	372	171	51
石油和天然气开采业	50	29	11
黑色金属矿采选业	38	25	20
有色金属矿采选业	115	61	49
非金属矿采选业	89	55	60
开采及其他辅助性活动	22	11	7
制造业	**7657**	**4789**	**6348**
农副食品加工业	130	85	145
食品制造业	132	83	128
酒、饮料和精制茶制造业	88	74	107
烟草制品业	47	42	40
纺织业	51	38	56
纺织服装、服饰业	22	18	22
皮革、毛皮、羽毛及其制品和制鞋业	8	8	11
木材加工和木、竹、藤、棕、草制品业	21	20	28
家具制造业	4	5	8
造纸和纸制品业	53	36	48
印刷和记录媒介复制业	92	52	68
文教、工美、体育和娱乐用品制造业	22	16	24
石油加工、炼焦和核燃料加工业	142	74	94
化学原料和化学制品制造业	743	507	594
医药制造业	365	274	275
化学纤维制造业	55	36	40
橡胶和塑料制品业	161	123	167
非金属矿物制品业	940	648	659
黑色金属冶炼和压延加工业	156	99	137
有色金属冶炼和压延加工业	377	216	292
金属制品业	388	222	320
通用设备制造业	594	352	524
专用设备制造业	602	373	543
汽车制造业	491	331	535
铁路、船舶、航空航天和其他运输设备制造业	383	169	234
电气机械和器材制造业	535	327	478
计算机、通信和其他电子设备制造业	659	376	520
仪器仪表制造业	189	92	154
其他制造业	56	14	15
废弃资源综合利用业	85	51	42
金属制品、机械和设备修理业	66	28	40
电力、热力、燃气及水生产和供应业	**1338**	**649**	**381**
电力、热力生产和供应业	899	403	227
燃气生产和供应业	110	64	37
水的生产和供应业	329	182	117

2-2-8　分行业内资工业企业基本情况

单位：个

行　　业	有R&D活动	有研发机构	有新产品销售
合　计	**138324**	**124351**	**159956**
采矿业	**1747**	**1015**	**963**
煤炭开采和洗选业	600	304	110
石油和天然气开采业	54	35	13
黑色金属矿采选业	209	115	144
有色金属矿采选业	290	130	141
非金属矿采选业	526	395	526
开采及其他辅助性活动	65	35	27
制造业	**134437**	**122083**	**158116**
农副食品加工业	4542	4161	6509
食品制造业	2553	2227	3222
酒、饮料和精制茶制造业	940	1024	1574
烟草制品业	93	83	95
纺织业	4531	4926	6037
纺织服装、服饰业	1740	1861	2363
皮革、毛皮、羽毛及其制品和制鞋业	1745	1533	2370
木材加工和木、竹、藤、棕、草制品业	2310	1649	2965
家具制造业	1360	1687	2283
造纸和纸制品业	1677	1738	2105
印刷和记录媒介复制业	1582	1624	2055
文教、工美、体育和娱乐用品制造业	2234	2426	3095
石油加工、炼焦和核燃料加工业	585	459	528
化学原料和化学制品制造业	8751	8111	10004
医药制造业	4651	3561	4090
化学纤维制造业	848	704	782
橡胶和塑料制品业	7381	7494	9136
非金属矿物制品业	10517	8991	11472
黑色金属冶炼和压延加工业	1442	1300	1518
有色金属冶炼和压延加工业	2973	2426	3152
金属制品业	9634	9203	11334
通用设备制造业	13015	11786	15642
专用设备制造业	11262	9408	12598
汽车制造业	6516	5314	7691
铁路、船舶、航空航天和其他运输设备制造业	2280	1675	2296
电气机械和器材制造业	12989	12445	15236
计算机、通信和其他电子设备制造业	11182	10264	12721
仪器仪表制造业	3451	2669	3688
其他制造业	621	565	700
废弃资源综合利用业	837	649	733
金属制品、机械和设备修理业	195	120	122
电力、热力、燃气及水生产和供应业	**2140**	**1253**	**877**
电力、热力生产和供应业	1386	751	516
燃气生产和供应业	268	184	134
水的生产和供应业	486	318	227

2-2-9　分行业港澳台商投资工业企业基本情况

单位：个

行　　业	有R&D活动	有研发机构	有新产品销售
合　计	**6139**	**6132**	**7014**
采矿业	**27**	**17**	**14**
煤炭开采和洗选业	6	4	3
石油和天然气开采业	2	2	
黑色金属矿采选业	6	4	2
有色金属矿采选业	7	2	1
非金属矿采选业	3	3	7
开采及其他辅助性活动	3	2	1
制造业	**5935**	**6016**	**6946**
农副食品加工业	123	104	145
食品制造业	107	109	151
酒、饮料和精制茶制造业	42	48	44
烟草制品业	4	2	3
纺织业	301	280	329
纺织服装、服饰业	156	148	191
皮革、毛皮、羽毛及其制品和制鞋业	128	118	118
木材加工和木、竹、藤、棕、草制品业	19	19	29
家具制造业	75	97	118
造纸和纸制品业	119	123	145
印刷和记录媒介复制业	95	109	127
文教、工美、体育和娱乐用品制造业	170	224	251
石油加工、炼焦和核燃料加工业	21	22	17
化学原料和化学制品制造业	399	400	431
医药制造业	230	183	187
化学纤维制造业	54	46	48
橡胶和塑料制品业	379	458	493
非金属矿物制品业	218	194	235
黑色金属冶炼和压延加工业	42	38	50
有色金属冶炼和压延加工业	85	76	82
金属制品业	327	390	423
通用设备制造业	403	428	507
专用设备制造业	453	388	507
汽车制造业	291	227	309
铁路、船舶、航空航天和其他运输设备制造业	80	70	97
电气机械和器材制造业	527	619	668
计算机、通信和其他电子设备制造业	900	908	1041
仪器仪表制造业	123	128	144
其他制造业	35	36	40
废弃资源综合利用业	19	14	11
金属制品、机械和设备修理业	10	10	5
电力、热力、燃气及水生产和供应业	**177**	**99**	**54**
电力、热力生产和供应业	92	44	31
燃气生产和供应业	57	34	14
水的生产和供应业	28	21	9

2-2-10 分行业外商投资工业企业基本情况

单位：个

行业	有R&D活动	有研发机构	有新产品销售
合计	**6827**	**5489**	**7235**
采矿业	**15**	**12**	**4**
煤炭开采和洗选业	5	4	
石油和天然气开采业	2	2	
黑色金属矿采选业	1	1	
有色金属矿采选业	2	1	1
非金属矿采选业	4	3	3
开采及其他辅助性活动	1	1	
制造业	**6722**	**5410**	**7197**
农副食品加工业	130	128	195
食品制造业	173	175	199
酒、饮料和精制茶制造业	67	51	58
烟草制品业		1	1
纺织业	125	134	168
纺织服装、服饰业	99	80	114
皮革、毛皮、羽毛及其制品和制鞋业	64	53	75
木材加工和木、竹、藤、棕、草制品业	16	14	28
家具制造业	46	49	58
造纸和纸制品业	70	66	73
印刷和记录媒介复制业	48	31	40
文教、工美、体育和娱乐用品制造业	101	104	141
石油加工、炼焦和核燃料加工业	14	14	18
化学原料和化学制品制造业	420	356	466
医药制造业	209	161	155
化学纤维制造业	34	30	31
橡胶和塑料制品业	329	277	365
非金属矿物制品业	185	144	193
黑色金属冶炼和压延加工业	42	36	34
有色金属冶炼和压延加工业	69	47	69
金属制品业	325	258	363
通用设备制造业	827	630	848
专用设备制造业	609	460	643
汽车制造业	852	589	857
铁路、船舶、航空航天和其他运输设备制造业	120	75	129
电气机械和器材制造业	574	493	638
计算机、通信和其他电子设备制造业	934	773	988
仪器仪表制造业	198	144	204
其他制造业	24	22	33
废弃资源综合利用业	7	5	4
金属制品、机械和设备修理业	11	10	9
电力、热力、燃气及水生产和供应业	**90**	**67**	**34**
电力、热力生产和供应业	35	16	11
燃气生产和供应业	38	40	19
水的生产和供应业	17	11	4

2-2-11　各地区工业企业基本情况

单位：个

地　　区	有R&D活动	有研发机构	有新产品销售
全　　国	**151290**	**135972**	**174205**
东部地区	97651	97667	116226
中部地区	35526	29836	42596
西部地区	14914	7544	12634
东北地区	3199	925	2749
北　　京	1167	418	1299
天　　津	1410	523	1425
河　　北	3685	5007	4899
山　　西	1030	1307	798
内 蒙 古	603	256	356
辽　　宁	2288	528	1753
吉　　林	334	184	445
黑 龙 江	577	213	551
上　　海	2999	892	2925
江　　苏	27871	17143	22303
浙　　江	20376	26987	30154
安　　徽	7492	7644	9546
福　　建	7262	2060	4247
江　　西	3476	6776	7746
山　　东	13950	14942	22449
河　　南	7744	3899	3875
湖　　北	6135	6104	8440
湖　　南	9649	4106	12191
广　　东	18788	29570	26424
广　　西	1129	731	1158
海　　南	143	125	101
重　　庆	2924	1889	3283
四　　川	4231	1976	3414
贵　　州	1368	334	572
云　　南	1325	729	876
西　　藏	14	5	13
陕　　西	1773	829	1847
甘　　肃	589	193	552
青　　海	70	18	41
宁　　夏	504	369	233
新　　疆	384	215	289

2-2-12 各地区大型工业企业基本情况

单位：个

地　区	有R&D活动	有研发机构	有新产品销售
全　国	**6172**	**4598**	**5138**
东部地区	3804	3108	3472
中部地区	1183	868	915
西部地区	981	516	591
东北地区	204	106	160
北　京	82	52	73
天　津	82	44	61
河　北	183	156	152
山　西	156	141	51
内蒙古	111	42	45
辽　宁	121	57	93
吉　林	35	25	34
黑龙江	48	24	33
上　海	138	76	116
江　苏	796	540	704
浙　江	595	552	584
安　徽	225	200	217
福　建	296	155	216
江　西	166	153	156
山　东	560	466	562
河　南	267	152	164
湖　北	208	137	174
湖　南	161	85	153
广　东	1059	1057	997
广　西	69	43	51
海　南	13	10	7
重　庆	132	89	119
四　川	230	134	164
贵　州	64	27	26
云　南	75	52	44
西　藏	2		
陕　西	145	44	63
甘　肃	46	22	28
青　海	15	7	9
宁　夏	25	22	15
新　疆	67	34	27

2-2-13 各地区中型工业企业基本情况

单位：个

地　　区	有R&D活动	有研发机构	有新产品销售
全　　国	**22795**	**16920**	**20502**
东部地区	14998	11991	13871
中部地区	4544	3297	4204
西部地区	2746	1450	2021
东北地区	507	182	406
北　　京	235	110	222
天　　津	248	147	249
河　　北	593	530	535
山　　西	241	256	130
内 蒙 古	179	69	81
辽　　宁	346	110	259
吉　　林	82	37	87
黑 龙 江	79	35	60
上　　海	494	229	479
江　　苏	3218	2047	2694
浙　　江	3267	3006	3186
安　　徽	885	751	909
福　　建	1244	463	827
江　　西	633	676	755
山　　东	1802	1489	2015
河　　南	919	493	543
湖　　北	816	674	834
湖　　南	1050	447	1033
广　　东	3868	3945	3648
广　　西	271	163	230
海　　南	29	25	16
重　　庆	575	382	571
四　　川	765	397	576
贵　　州	185	56	77
云　　南	205	116	100
西　　藏	4		1
陕　　西	281	118	227
甘　　肃	79	29	57
青　　海	17	2	6
宁　　夏	108	76	53
新　　疆	77	42	42

2-2-14 各地区国有控股工业企业基本情况

单位：个

地 区	有R&D活动	有研发机构	有新产品销售
全 国	**9682**	**5791**	**6928**
东部地区	4382	2908	3308
中部地区	2430	1679	1806
西部地区	2473	1056	1514
东北地区	397	148	300
北 京	306	128	275
天 津	209	97	164
河 北	336	295	258
山 西	302	295	128
内 蒙 古	152	50	53
辽 宁	249	83	169
吉 林	44	27	49
黑 龙 江	104	38	82
上 海	298	142	280
江 苏	745	494	564
浙 江	510	315	261
安 徽	448	388	396
福 建	232	90	131
江 西	245	253	254
山 东	943	794	920
河 南	498	222	228
湖 北	408	290	366
湖 南	529	231	434
广 东	782	535	439
广 西	176	111	148
海 南	21	18	16
重 庆	318	178	252
四 川	495	210	307
贵 州	238	65	90
云 南	245	127	136
西 藏	4		1
陕 西	439	147	291
甘 肃	179	54	123
青 海	29	8	9
宁 夏	62	42	27
新 疆	136	64	77

2-2-15　各地区内资工业企业基本情况

单位：个

地　区	有R&D活动	有研发机构	有新产品销售
全　国	**138324**	**124351**	**159956**
东部地区	86908	87433	104103
中部地区	34278	28850	41266
西部地区	14267	7223	12088
东北地区	2871	845	2499
北　京	992	354	1062
天　津	1192	441	1202
河　北	3520	4840	4730
山　西	1000	1281	777
内蒙古	577	239	332
辽　宁	2013	468	1550
吉　林	298	169	410
黑龙江	560	208	539
上　海	2258	634	2180
江　苏	24242	14982	19347
浙　江	18946	24913	28014
安　徽	7154	7349	9166
福　建	6328	1705	3615
江　西	3281	6490	7442
山　东	13040	14067	21163
河　南	7558	3808	3765
湖　北	5876	5921	8183
湖　南	9409	4001	11933
广　东	16261	25385	22701
广　西	1038	684	1077
海　南	129	112	89
重　庆	2757	1807	3121
四　川	4063	1898	3272
贵　州	1330	317	557
云　南	1272	697	843
西　藏	14	5	12
陕　西	1697	800	1780
甘　肃	583	193	547
青　海	70	18	41
宁　夏	489	355	224
新　疆	377	210	282

2-2-16 各地区港澳台商投资工业企业基本情况

单位：个

地 区	有R&D活动	有研发机构	有新产品销售
全 国	**6139**	**6132**	**7014**
东部地区	5137	5449	6032
中部地区	615	515	690
西部地区	290	138	219
东北地区	97	30	73
北 京	53	15	58
天 津	69	34	65
河 北	68	65	62
山 西	8	9	8
内 蒙 古	15	9	13
辽 宁	78	21	57
吉 林	10	7	10
黑 龙 江	9	2	6
上 海	247	80	234
江 苏	1378	821	1114
浙 江	679	996	1042
安 徽	143	134	156
福 建	622	224	407
江 西	101	174	185
山 东	362	347	469
河 南	99	48	52
湖 北	118	93	124
湖 南	146	57	165
广 东	1650	2859	2574
广 西	41	19	37
海 南	9	8	7
重 庆	67	34	54
四 川	77	32	63
贵 州	24	11	7
云 南	30	16	18
西 藏			
陕 西	21	8	19
甘 肃	5		1
青 海			
宁 夏	6	4	3
新 疆	4	5	4

2-2-17 各地区外商投资工业企业基本情况

单位：个

地　区	有R&D活动	有研发机构	有新产品销售
全　国	**6827**	**5489**	**7235**
东部地区	5606	4785	6091
中部地区	633	471	640
西部地区	357	183	327
东北地区	231	50	177
北　京	122	49	179
天　津	149	48	158
河　北	97	102	107
山　西	22	17	13
内蒙古	11	8	11
辽　宁	197	39	146
吉　林	26	8	25
黑龙江	8	3	6
上　海	494	178	511
江　苏	2251	1340	1842
浙　江	751	1078	1098
安　徽	195	161	224
福　建	312	131	225
江　西	94	112	119
山　东	548	528	817
河　南	87	43	58
湖　北	141	90	133
湖　南	94	48	93
广　东	877	1326	1149
广　西	50	28	44
海　南	5	5	5
重　庆	100	48	108
四　川	91	46	79
贵　州	14	6	8
云　南	23	16	15
西　藏			1
陕　西	55	21	48
甘　肃	1		4
青　海			
宁　夏	9	10	6
新　疆	3		3

第二部分

工业企业研发活动情况

3

工业企业R&D人员情况

(2023)

2-3-1 分登记注册统计类别工业企业R&D人员情况

登记注册统计类别	R&D人员(人)	#女性	#研究人员	#全时人员	R&D人员折合全时当量(人年)
合　计	**6396445**	**1428213**	**1784759**	**4465358**	**4816705**
内资企业	**5329028**	**1176103**	**1467125**	**3678803**	**3978276**
有限责任公司	4191802	924531	1090286	2864929	3118129
股份有限公司	1090125	240931	363735	784743	825412
非公司企业法人	28073	5415	8945	17447	21005
个人独资企业	15474	4301	3283	9113	11270
合伙企业	3491	910	851	2525	2401
港澳台商投资	**571909**	**134677**	**160493**	**431565**	**458589**
港澳台投资有限责任公司	444789	103784	116097	329499	357640
港澳台投资股份有限公司	112566	27418	40787	91208	89957
港澳台投资合伙企业	8105	2108	2002	6220	6026
其他港澳台投资企业	6449	1367	1607	4638	4966
外商投资	**495508**	**117433**	**157141**	**354990**	**379840**
外商投资有限责任公司	390066	92480	121325	278416	299289
外商投资股份有限公司	86871	21610	30465	62735	68733
外商投资合伙企业	11112	2097	2917	8532	8154
其他外商投资企业	7459	1246	2434	5307	3664

2-3-2 分登记注册统计类别大型工业企业R&D人员情况

登记注册统计类别	R&D人员(人)	#女性	#研究人员	#全时人员	R&D人员折合全时当量(人年)
合 计	**2269235**	**479024**	**762127**	**1609523**	**1729511**
内资企业	**1685267**	**347049**	**574684**	**1164265**	**1258157**
有限责任公司	1125037	226438	366952	765138	837380
股份有限公司	544722	117610	202471	389336	408922
非公司企业法人	15508	3001	5261	9791	11857
个人独资企业					
合伙企业					
港澳台商投资	**333812**	**73815**	**102507**	**261005**	**274481**
港澳台投资有限责任公司	244649	53268	70131	188424	202997
港澳台投资股份有限公司	80914	18563	30181	66363	65425
港澳台投资合伙企业	3940	1070	1064	3089	2721
其他港澳台投资企业	4309	914	1131	3129	3338
外商投资	**250156**	**58160**	**84936**	**184253**	**196872**
外商投资有限责任公司	178891	41957	61080	133817	142398
外商投资股份有限公司	59184	14207	20503	41252	47427
外商投资合伙企业	6479	1084	1573	5234	4741
其他外商投资企业	5602	912	1780	3950	2306

2-3-3 分登记注册统计类别中型工业企业R&D人员情况

登记注册统计类别	R&D人员(人)	#女性	#研究人员	#全时人员	R&D人员折合全时当量(人年)
合　计	**1625918**	**375886**	**430357**	**506584**	**1213604**
内资企业	**1343785**	**303821**	**354213**	**421534**	**999378**
有限责任公司	1016140	229563	252990	330522	750276
股份有限公司	318837	72389	98457	87555	242852
非公司企业法人	6655	1182	2236	2795	4741
个人独资企业	1528	517	311	497	1163
合伙企业	625	170	219	165	348
港澳台商投资	**143562**	**38086**	**34911**	**41352**	**111419**
港澳台投资有限责任公司	117383	30647	26472	35734	90612
港澳台投资股份有限公司	22452	6472	7592	4758	17776
港澳台投资合伙企业	2735	736	647	587	2259
其他港澳台投资企业	992	231	200	273	772
外商投资	**138571**	**33979**	**41233**	**43698**	**102807**
外商投资有限责任公司	115014	27787	33108	38133	84941
外商投资股份有限公司	19728	5458	6970	4575	15076
外商投资合伙企业	2856	564	806	727	2158
其他外商投资企业	973	170	349	263	632

2-3-4 分行业工业企业R&D人员情况

行 业	R&D人员(人)	#女性	#研究人员	#全时人员	R&D人员折合全时当量(人年)
合 计	**6396445**	**1428213**	**1784759**	**4465358**	**4816705**
采矿业	**179810**	**19721**	**51483**	**78196**	**112232**
煤炭开采和洗选业	99044	3789	23171	28843	58330
石油和天然气开采业	28694	9057	12944	21526	19281
黑色金属矿采选业	9972	1224	2142	5618	6169
有色金属矿采选业	13044	1378	3273	5775	8740
非金属矿采选业	11609	1867	2551	7249	8306
开采及其他辅助性活动	17421	2403	7397	9175	11384
制造业	**6098785**	**1387367**	**1684293**	**4338884**	**4635116**
农副食品加工业	111442	34632	24769	71714	80884
食品制造业	90830	34641	21397	59507	65026
酒、饮料和精制茶制造业	43681	12700	10784	24365	26968
烟草制品业	11160	2847	4679	5913	7629
纺织业	162906	60830	25262	101670	121957
纺织服装、服饰业	70350	35028	11337	48594	54113
皮革、毛皮、羽毛及其制品和制鞋业	66682	25957	8147	47218	51201
木材加工和木、竹、藤、棕、草制品业	39467	9793	7692	23758	29199
家具制造业	57023	14952	10062	39743	43813
造纸和纸制品业	65012	14953	9761	43483	49745
印刷和记录媒介复制业	51743	13739	9306	32743	38746
文教、工美、体育和娱乐用品制造业	75631	23362	13486	51088	58523
石油加工、炼焦和核燃料加工业	46121	7842	10311	20783	26470
化学原料和化学制品制造业	332971	82263	92435	225420	251646
医药制造业	253459	122873	97117	188948	191292
化学纤维制造业	46653	11875	7796	28596	33918
橡胶和塑料制品业	222293	50792	40787	152162	170960
非金属矿物制品业	290312	57574	57774	180523	207903
黑色金属冶炼和压延加工业	156414	19409	36642	83216	101794
有色金属冶炼和压延加工业	144169	22933	31060	84428	102235
金属制品业	282741	51503	54387	188020	213223
通用设备制造业	469080	77297	132305	334311	358481
专用设备制造业	423103	75829	139584	318537	321797
汽车制造业	490236	79741	162599	377540	385540
铁路、船舶、航空航天和其他运输设备制造业	159542	32272	60385	118193	118087
电气机械和器材制造业	634928	132340	176372	466686	489251
计算机、通信和其他电子设备制造业	1088924	240448	352938	863981	875515
仪器仪表制造业	151504	26334	57043	117818	116909
其他制造业	32060	8046	10411	22782	22738
废弃资源综合利用业	17290	3441	3930	11021	12237
金属制品、机械和设备修理业	11058	1121	3735	6123	7317
电力、热力、燃气及水生产和供应业	**117850**	**21125**	**48983**	**48278**	**69357**
电力、热力生产和供应业	90124	15268	39960	33703	50319
燃气生产和供应业	12886	2401	3946	6573	8911
水的生产和供应业	14840	3456	5077	8002	10128

2–3–5 分行业大型工业企业R&D人员情况

行 业	R&D人员（人）	#女性	#研究人员	#全时人员	R&D人员折合全时当量（人年）
合 计	**2269235**	**479024**	**762127**	**1609523**	**1729511**
采矿业	**130990**	**14678**	**41199**	**55014**	**80135**
煤炭开采和洗选业	77823	2820	19322	21146	44937
石油和天然气开采业	27155	8655	12293	20609	18444
黑色金属矿采选业	4432	362	1009	2229	2299
有色金属矿采选业	4581	431	1384	1900	3083
非金属矿采选业	1623	221	459	1030	1317
开采及其他辅助性活动	15376	2189	6732	8100	10057
制造业	**2085188**	**452820**	**694540**	**1538085**	**1620152**
农副食品加工业	14856	4727	3122	8583	11510
食品制造业	20718	7405	5265	13647	14799
酒、饮料和精制茶制造业	17632	4311	4895	9209	9778
烟草制品业	8420	2154	3792	3985	5699
纺织业	30341	12704	4590	19273	22325
纺织服装、服饰业	14888	7777	2188	9856	11186
皮革、毛皮、羽毛及其制品和制鞋业	18256	8674	1546	14167	14063
木材加工和木、竹、藤、棕、草制品业	1013	241	125	440	884
家具制造业	17329	4962	3757	12441	14169
造纸和纸制品业	14489	2582	2673	10031	11081
印刷和记录媒介复制业	5788	1660	1345	3344	4216
文教、工美、体育和娱乐用品制造业	12404	3868	2071	7799	9862
石油加工、炼焦和核燃料加工业	28931	4714	6907	11954	15598
化学原料和化学制品制造业	70335	15466	21881	43340	52706
医药制造业	86638	43594	37695	67223	67758
化学纤维制造业	26146	6497	4037	15826	18569
橡胶和塑料制品业	41746	9652	8706	28989	33467
非金属矿物制品业	40775	7477	9541	26893	30071
黑色金属冶炼和压延加工业	114661	13747	29208	58718	72758
有色金属冶炼和压延加工业	57361	7411	13762	29687	38950
金属制品业	42712	7881	9484	27328	31327
通用设备制造业	101029	17282	37751	74993	77866
专用设备制造业	91744	17441	38804	71794	69535
汽车制造业	244324	36399	99771	200469	198560
铁路、船舶、航空航天和其他运输设备制造业	76657	16853	34100	59329	56464
电气机械和器材制造业	219873	43556	74714	169387	174718
计算机、通信和其他电子设备制造业	615777	133692	211150	503600	515029
仪器仪表制造业	28929	5429	12783	22106	22741
其他制造业	15293	3735	6533	10484	10359
废弃资源综合利用业	1449	366	370	930	965
金属制品、机械和设备修理业	4674	563	1974	2260	3137
电力、热力、燃气及水生产和供应业	**53057**	**11526**	**26388**	**16424**	**29224**
电力、热力生产和供应业	46330	10089	23887	13567	23985
燃气生产和供应业	3065	581	1112	1091	2417
水的生产和供应业	3662	856	1389	1766	2822

2-3-6 分行业中型工业企业R&D人员情况

行业	R&D人员(人)	#女性	#研究人员	#全时人员	R&D人员折合全时当量(人年)
合计	**1625918**	**375886**	**430357**	**506584**	**1213604**
采矿业	**30137**	**2159**	**6019**	**17857**	**19510**
煤炭开采和洗选业	18477	691	3246	12029	11775
石油和天然气开采业	903	287	400	293	409
黑色金属矿采选业	2649	333	509	1211	1817
有色金属矿采选业	4672	426	1020	2611	3139
非金属矿采选业	2154	310	376	966	1602
开采及其他辅助性活动	1282	112	468	747	769
制造业	**1571878**	**370243**	**415556**	**475729**	**1178950**
农副食品加工业	25882	8354	5782	8300	18957
食品制造业	25854	10265	5577	10032	18620
酒、饮料和精制茶制造业	9611	2913	2040	4348	6132
烟草制品业	1683	392	530	565	1208
纺织业	58582	21587	8383	22268	43073
纺织服装、服饰业	25268	13571	3835	7036	19893
皮革、毛皮、羽毛及其制品和制鞋业	19270	7468	2130	5576	14554
木材加工和木、竹、藤、棕、草制品业	6431	1633	1271	2258	5020
家具制造业	15235	3926	2241	4597	11409
造纸和纸制品业	18862	4647	2515	6861	14488
印刷和记录媒介复制业	16307	4423	2874	5891	12555
文教、工美、体育和娱乐用品制造业	23589	7289	4051	6826	18386
石油加工、炼焦和核燃料加工业	10306	1477	1732	5845	6084
化学原料和化学制品制造业	98823	24718	28772	31543	74412
医药制造业	80698	39986	31448	21681	60146
化学纤维制造业	7739	1842	1291	3084	5769
橡胶和塑料制品业	52741	11253	9544	16674	40153
非金属矿物制品业	78889	14552	14535	32636	55377
黑色金属冶炼和压延加工业	20540	2327	3687	9415	13501
有色金属冶炼和压延加工业	35807	5876	7435	14697	25609
金属制品业	76362	12724	14774	25453	58428
通用设备制造业	122650	20259	36289	34803	93798
专用设备制造业	111157	20372	37815	27804	85073
汽车制造业	119380	20082	33620	32928	91016
铁路、船舶、航空航天和其他运输设备制造业	41447	8113	14944	11837	30542
电气机械和器材制造业	176529	37076	46293	50167	133058
计算机、通信和其他电子设备制造业	232572	52622	70691	58050	176700
仪器仪表制造业	46749	8072	18270	10115	36394
其他制造业	6596	1772	1664	1554	4484
废弃资源综合利用业	3098	426	652	1423	2179
金属制品、机械和设备修理业	3221	226	871	1462	1932
电力、热力、燃气及水生产和供应业	**23903**	**3484**	**8782**	**12998**	**15143**
电力、热力生产和供应业	17557	2049	6605	10136	10886
燃气生产和供应业	3269	689	1020	1531	2332
水的生产和供应业	3077	746	1157	1331	1925

2−3−7 分行业国有控股工业企业R&D人员情况

行　业	R&D人员(人)	#女性	#研究人员	#全时人员	R&D人员折合全时当量(人年)
合　计	**1112725**	**210003**	**436812**	**686382**	**767021**
采矿业	**142413**	**15864**	**45312**	**58973**	**88829**
煤炭开采和洗选业	82720	3145	21288	22878	49229
石油和天然气开采业	27767	8813	12435	20711	18628
黑色金属矿采选业	4262	415	1196	2013	2608
有色金属矿采选业	7831	717	2347	3106	5134
非金属矿采选业	3765	518	981	2073	2705
开采及其他辅助性活动	16052	2254	7063	8192	10511
制造业	**876219**	**177089**	**348699**	**593583**	**625721**
农副食品加工业	3931	1073	1034	2240	2677
食品制造业	7417	2682	2247	4464	5548
酒、饮料和精制茶制造业	12325	3469	3410	6663	7629
烟草制品业	8492	2210	3899	3708	5710
纺织业	4109	2005	708	2535	2912
纺织服装、服饰业	1073	599	174	767	842
皮革、毛皮、羽毛及其制品和制鞋业	423	99	89	245	352
木材加工和木、竹、藤、棕、草制品业	1201	152	431	935	988
家具制造业	1117	279	447	975	859
造纸和纸制品业	4513	1091	1199	2811	3356
印刷和记录媒介复制业	4426	1208	1194	2249	2853
文教、工美、体育和娱乐用品制造业	1131	330	240	687	804
石油加工、炼焦和核燃料加工业	24265	4029	6046	10010	11538
化学原料和化学制品制造业	58166	12000	20299	34022	42283
医药制造业	28315	15077	11810	19525	20629
化学纤维制造业	8033	1702	1958	4918	5525
橡胶和塑料制品业	11765	2456	3147	7734	8792
非金属矿物制品业	41177	6246	9097	18711	26078
黑色金属冶炼和压延加工业	50030	5972	18837	25993	33236
有色金属冶炼和压延加工业	46435	6253	13382	22014	30763
金属制品业	25294	4042	9309	15974	17674
通用设备制造业	59607	10710	26683	44036	42856
专用设备制造业	56645	9755	25341	41596	41552
汽车制造业	102990	18407	45852	83136	78472
铁路、船舶、航空航天和其他运输设备制造业	82211	18338	39353	62129	59261
电气机械和器材制造业	46018	9208	19414	33620	32337
计算机、通信和其他电子设备制造业	147772	29821	66000	115262	113096
仪器仪表制造业	15083	3080	7225	12363	11382
其他制造业	14775	3735	7005	10586	10584
废弃资源综合利用业	2108	412	718	1017	1407
金属制品、机械和设备修理业	5372	649	2151	2658	3726
电力、热力、燃气及水生产和供应业	**94093**	**17050**	**42801**	**33826**	**52471**
电力、热力生产和供应业	77686	13567	36903	25648	41633
燃气生产和供应业	5128	910	1845	2381	3334
水的生产和供应业	11279	2573	4053	5797	7504

2-3-8 分行业内资工业企业R&D人员情况

行业	R&D人员(人)	#女性	#研究人员	#全时人员	R&D人员折合全时当量(人年)
合计	**5329028**	**1176103**	**1467125**	**3678803**	**3978276**
采矿业	**173812**	**19237**	**49770**	**76117**	**108828**
煤炭开采和洗选业	95007	3646	22223	28253	56335
石油和天然气开采业	27883	8828	12484	20796	18710
黑色金属矿采选业	9642	1179	2116	5451	5935
有色金属矿采选业	12603	1347	3127	5498	8382
非金属矿采选业	11419	1837	2515	7101	8147
开采及其他辅助性活动	17232	2397	7300	9008	11295
制造业	**5048340**	**1137463**	**1372284**	**3559657**	**3807430**
农副食品加工业	98739	30940	22227	65066	71976
食品制造业	74922	28377	18112	51142	54462
酒、饮料和精制茶制造业	37101	11310	9471	21666	23881
烟草制品业	11046	2812	4637	5825	7547
纺织业	138590	50975	21235	86011	104021
纺织服装、服饰业	53721	26170	9083	37443	41938
皮革、毛皮、羽毛及其制品和制鞋业	52138	19465	6616	36124	40215
木材加工和木、竹、藤、棕、草制品业	38436	9503	7491	23079	28509
家具制造业	48872	12669	8940	33799	36970
造纸和纸制品业	51568	12258	7639	34120	39406
印刷和记录媒介复制业	44424	11528	8015	28062	33387
文教、工美、体育和娱乐用品制造业	59982	18182	11062	40509	46088
石油加工、炼焦和核燃料加工业	43270	7323	9596	19875	24353
化学原料和化学制品制造业	293609	71326	79708	197523	221298
医药制造业	210345	100692	78706	154612	158124
化学纤维制造业	39288	9952	6829	24380	29065
橡胶和塑料制品业	183126	41466	33069	124257	139804
非金属矿物制品业	268718	53448	53238	166908	191921
黑色金属冶炼和压延加工业	142576	18225	33714	75448	92109
有色金属冶炼和压延加工业	133654	21064	28437	77336	94976
金属制品业	249765	45814	48089	165841	187956
通用设备制造业	398108	65216	109185	281979	302207
专用设备制造业	364138	62571	118990	273192	275935
汽车制造业	325063	56767	99385	245700	251742
铁路、船舶、航空航天和其他运输设备制造业	143543	29189	55103	106048	105429
电气机械和器材制造业	547230	112761	151230	402696	420182
计算机、通信和其他电子设备制造业	813049	174075	267221	642867	646680
仪器仪表制造业	129377	21913	49147	102208	99361
其他制造业	28529	7222	9526	20170	20199
废弃资源综合利用业	16586	3293	3722	10568	11746
金属制品、机械和设备修理业	8827	957	2861	5203	5942
电力、热力、燃气及水生产和供应业	**106876**	**19403**	**45071**	**43029**	**62018**
电力、热力生产和供应业	86121	14980	38349	31948	47949
燃气生产和供应业	7289	1365	2144	3893	4829
水的生产和供应业	13466	3058	4578	7188	9241

2–3–9 分行业港澳台商投资工业企业R&D人员情况

行业	R&D人员（人）	#女性	#研究人员	#全时人员	R&D人员折合全时当量（人年）
合 计	**571909**	**134677**	**160493**	**431565**	**458589**
采矿业	**3815**	**320**	**1221**	**1462**	**2359**
煤炭开采和洗选业	2589	111	798	590	1545
石油和天然气开采业	436	135	247	392	285
黑色金属矿采选业	323	44	25	163	231
有色金属矿采选业	252	19	60	150	194
非金属矿采选业	60	9	13	31	42
开采及其他辅助性活动	155	2	78	136	61
制造业	**561575**	**133297**	**156772**	**427230**	**452054**
农副食品加工业	4249	1355	1065	3026	2967
食品制造业	6289	2566	1511	4018	4801
酒、饮料和精制茶制造业	2564	597	432	1131	1158
烟草制品业	114	35	42	88	82
纺织业	17886	7304	3063	11414	13504
纺织服装、服饰业	11839	6161	1617	7717	8585
皮革、毛皮、羽毛及其制品和制鞋业	9207	3990	997	6868	6817
木材加工和木、竹、藤、棕、草制品业	562	175	92	388	355
家具制造业	5490	1379	689	4040	4646
造纸和纸制品业	9475	1805	1356	6711	7591
印刷和记录媒介复制业	5503	1626	888	3602	4291
文教、工美、体育和娱乐用品制造业	11181	3887	1586	7439	8924
石油加工、炼焦和核燃料加工业	1616	206	357	669	1106
化学原料和化学制品制造业	20009	5622	6182	14839	15748
医药制造业	26494	13294	10843	20707	19650
化学纤维制造业	4614	1038	643	2913	3224
橡胶和塑料制品业	25814	6215	4538	18744	20772
非金属矿物制品业	13215	2281	2625	9073	9916
黑色金属冶炼和压延加工业	9479	802	1869	6201	7152
有色金属冶炼和压延加工业	5372	820	970	3655	4048
金属制品业	19049	3164	3088	12840	14765
通用设备制造业	24762	4544	7413	18986	19983
专用设备制造业	26623	6233	8858	20155	20463
汽车制造业	71094	6539	29872	60694	63767
铁路、船舶、航空航天和其他运输设备制造业	6789	1433	2364	5365	5424
电气机械和器材制造业	48048	10166	11955	35480	38001
计算机、通信和其他电子设备制造业	159545	37041	47336	130694	133251
仪器仪表制造业	11385	2486	3723	7717	8897
其他制造业	1559	373	164	998	1006
废弃资源综合利用业	589	118	161	356	408
金属制品、机械和设备修理业	1160	42	473	702	751
电力、热力、燃气及水生产和供应业	**6519**	**1060**	**2500**	**2873**	**4176**
电力、热力生产和供应业	2898	204	1178	1230	1552
燃气生产和供应业	2741	581	991	1148	2026
水的生产和供应业	880	275	331	495	597

2-3-10 分行业外商投资工业企业R&D人员情况

行 业	R&D人员（人）	#女性	#研究人员	#全时人员	R&D人员折合全时当量（人年）
合 计	**495508**	**117433**	**157141**	**354990**	**379840**
采矿业	**2183**	**164**	**492**	**617**	**1045**
煤炭开采和洗选业	1448	32	150		449
石油和天然气开采业	375	94	213	338	285
黑色金属矿采选业	7	1	1	4	3
有色金属矿采选业	189	12	86	127	163
非金属矿采选业	130	21	23	117	116
开采及其他辅助性活动	34	4	19	31	28
制造业	**488870**	**116607**	**155237**	**351997**	**375632**
农副食品加工业	8454	2337	1477	3622	5941
食品制造业	9619	3698	1774	4347	5763
酒、饮料和精制茶制造业	4016	793	881	1568	1929
烟草制品业					
纺织业	6430	2551	964	4245	4431
纺织服装、服饰业	4790	2697	637	3434	3591
皮革、毛皮、羽毛及其制品和制鞋业	5337	2502	534	4226	4168
木材加工和木、竹、藤、棕、草制品业	469	115	109	291	335
家具制造业	2661	904	433	1904	2197
造纸和纸制品业	3969	890	766	2652	2747
印刷和记录媒介复制业	1816	585	403	1079	1069
文教、工美、体育和娱乐用品制造业	4468	1293	838	3140	3511
石油加工、炼焦和核燃料加工业	1235	313	358	239	1010
化学原料和化学制品制造业	19353	5315	6545	13058	14599
医药制造业	16620	8887	7568	13629	13517
化学纤维制造业	2751	885	324	1303	1629
橡胶和塑料制品业	13353	3111	3180	9161	10384
非金属矿物制品业	8379	1845	1911	4542	6066
黑色金属冶炼和压延加工业	4359	382	1059	1567	2533
有色金属冶炼和压延加工业	5143	1049	1653	3437	3211
金属制品业	13927	2525	3210	9339	10502
通用设备制造业	46210	7537	15707	33346	36291
专用设备制造业	32342	7025	11736	25190	25398
汽车制造业	94079	16435	33342	71146	70031
铁路、船舶、航空航天和其他运输设备制造业	9210	1650	2918	6780	7233
电气机械和器材制造业	39650	9413	13187	28510	31068
计算机、通信和其他电子设备制造业	116330	29332	38381	90420	95584
仪器仪表制造业	10742	1935	4173	7893	8651
其他制造业	1972	451	721	1614	1533
废弃资源综合利用业	115	30	47	97	83
金属制品、机械和设备修理业	1071	122	401	218	624
电力、热力、燃气及水生产和供应业	**4455**	**662**	**1412**	**2376**	**3163**
电力、热力生产和供应业	1105	84	433	525	818
燃气生产和供应业	2856	455	811	1532	2056
水的生产和供应业	494	123	168	319	290

2-3-11　各地区工业企业R&D人员情况

地　区	R&D人员（人）	#女性	#研究人员	#全时人员	R&D人员折合全时当量（人年）
全　国	**6396445**	**1428213**	**1784759**	**4465358**	**4816705**
东部地区	4264116	966650	1151456	3058249	3312309
中部地区	1287434	275578	358967	882555	940432
西部地区	687878	147797	214641	419797	457911
东北地区	157017	38188	59695	104757	106052
北　京	82701	24095	36484	61264	59993
天　津	75301	17868	26931	54146	56539
河　北	191158	40011	48446	127844	128602
山　西	69757	10173	16605	32491	42266
内蒙古	43778	7311	11490	17223	26554
辽　宁	101996	23836	36695	65868	67329
吉　林	22990	6600	10594	17897	16859
黑龙江	32031	7752	12406	20992	21864
上　海	145569	34843	57283	112989	112518
江　苏	922637	213035	270495	658166	721248
浙　江	819375	187798	172645	529592	651025
安　徽	260320	52250	72795	174666	196251
福　建	272482	69532	70753	208379	211921
江　西	162045	37712	35108	114395	126157
山　东	572787	136594	146783	403163	444404
河　南	259348	58057	71189	178128	182729
湖　北	252552	55266	77574	176812	183963
湖　南	283412	62120	85696	206063	209066
广　东	1173248	239846	318972	897175	920359
广　西	55904	12798	13836	31282	33516
海　南	8858	3028	2664	5531	5700
重　庆	122590	27633	39121	89336	86802
四　川	183984	41941	60570	128049	128074
贵　州	45843	10197	13060	23735	27878
云　南	55700	11798	13618	28067	37271
西　藏	376	101	118	149	236
陕　西	97547	20124	39360	67981	71868
甘　肃	26372	5593	9049	13480	17229
青　海	4368	827	1464	2041	2137
宁　夏	21715	4294	5592	8501	12038
新　疆	29701	5180	7363	9953	14308

2-3-12 各地区大型工业企业R&D人员情况

地 区	R&D人员(人)	#女性	#研究人员	#全时人员	R&D人员折合全时当量(人年)
全 国	**2269235**	**479024**	**762127**	**1609523**	**1729511**
东部地区	1476372	320952	486415	1093167	1170997
中部地区	429781	82394	134404	288600	313940
西部地区	291768	58273	108275	180367	197355
东北地区	71314	17405	33033	47389	47219
北 京	35677	10067	16058	25934	27332
天 津	29026	6609	11425	19166	22092
河 北	82534	14773	24727	56800	54947
山 西	42904	5451	10625	17910	25782
内蒙古	24156	3955	7155	10292	15601
辽 宁	39977	9660	17705	24596	24631
吉 林	14279	3949	7557	11615	11137
黑龙江	17058	3796	7771	11178	11450
上 海	53270	13278	24444	42004	44223
江 苏	260715	59267	84433	187851	205648
浙 江	199641	45554	61116	134654	157548
安 徽	89055	15009	29971	58461	67195
福 建	92532	22230	28876	72387	72491
江 西	50396	11777	12479	35507	38959
山 东	190526	44737	59173	137407	151659
河 南	96583	18645	29363	64025	68756
湖 北	78635	16244	28595	57601	57839
湖 南	72208	15268	23371	55096	55409
广 东	529037	103186	175118	414899	433035
广 西	24603	4819	7751	13773	13151
海 南	3414	1251	1045	2065	2020
重 庆	44234	9926	17675	34672	32158
四 川	71466	16176	27487	50763	50796
贵 州	16855	3810	5490	7359	9578
云 南	20791	3666	5793	10283	14097
西 藏	74	12	37	15	26
陕 西	50585	8904	23374	37272	39805
甘 肃	12904	2635	5328	6282	8580
青 海	2580	500	975	1169	1088
宁 夏	5847	845	2091	2557	3681
新 疆	17673	3025	5119	5930	8794

2-3-13 各地区中型工业企业R&D人员情况

地　区	R&D人员(人)	#女性	#研究人员	#全时人员	R&D人员折合全时当量(人年)
全　国	**1625918**	**375886**	**430357**	**506584**	**1213604**
东部地区	1101712	260666	284513	323615	845586
中部地区	313165	68668	84954	98618	228200
西部地区	177590	38581	49875	73051	116639
东北地区	33451	7971	11015	11300	23179
北　京	25291	8209	11460	7042	16833
天　津	20959	5315	7255	5107	15896
河　北	41976	9290	10028	15313	28710
山　西	16109	2590	3492	8274	9801
内蒙古	12632	2009	2783	8542	6953
辽　宁	24262	5461	7822	8089	17192
吉　林	4172	1239	1439	1281	2637
黑龙江	5017	1271	1754	1930	3351
上　海	40482	10367	15695	8686	30052
江　苏	235633	55616	70015	66477	186174
浙　江	234484	54452	47502	82681	184564
安　徽	64318	13320	17142	20215	47930
福　建	76668	21471	19153	17525	59904
江　西	40259	8913	8367	12466	30731
山　东	136819	32524	34500	41720	105950
河　南	61499	14886	16527	18754	44179
湖　北	67217	15368	19900	21138	48453
湖　南	63763	13591	19526	17771	47106
广　东	286898	62489	68019	77994	215931
广　西	14057	3393	2924	6320	8902
海　南	2502	933	886	1070	1572
重　庆	35643	8031	10409	9907	25061
四　川	47048	11138	15025	13902	33378
贵　州	14582	2966	4063	6272	9492
云　南	14378	3190	3417	7669	9112
西　藏	217	53	52	153	153
陕　西	19028	4298	6659	7491	13185
甘　肃	5499	1040	1610	2633	3751
青　海	1018	158	261	539	672
宁　夏	7744	1447	1664	5225	3717
新　疆	5744	858	1008	4398	2262

2–3–14 各地区国有控股工业企业R&D人员情况

地　区	R&D人员（人）	#女性	#研究人员	#全时人员	R&D人员折合全时当量（人年）
全　国	**1112725**	**210003**	**436812**	**686382**	**767021**
东部地区	487134	95109	191393	308961	341979
中部地区	297582	47220	109078	183045	207040
西部地区	263167	51797	105097	151413	174524
东北地区	64842	15877	31244	42963	43478
北　京	34250	9161	15283	22089	22137
天　津	19479	4736	8975	12591	13830
河　北	37205	6582	13513	21262	23901
山　西	37918	5138	11618	16971	22741
内蒙古	15806	2686	6331	5023	9867
辽　宁	34035	8302	15840	20947	21098
吉　林	13213	3580	6962	10617	9875
黑龙江	17594	3995	8442	11399	12504
上　海	36429	8531	16141	26750	29598
江　苏	72530	13394	28690	48004	52870
浙　江	33040	5846	11826	18358	22141
安　徽	55885	7115	18573	28936	38673
福　建	31196	6090	13640	22157	23691
江　西	24744	3839	7901	16179	19292
山　东	105414	18426	37089	69151	80719
河　南	69282	12359	25095	43781	47022
湖　北	57152	10600	24719	40634	41503
湖　南	52601	8169	21172	36544	37809
广　东	115538	21762	45315	67646	72221
广　西	20214	3844	7079	10651	10646
海　南	2053	581	921	953	871
重　庆	34970	7206	15034	25387	25282
四　川	61957	12319	25686	43583	44261
贵　州	21613	4505	8146	10369	13761
云　南	22137	4080	7721	10049	14274
西　藏	195	46	59	48	85
陕　西	46430	9816	20746	29507	33290
甘　肃	16605	3451	6548	8175	11110
青　海	2579	478	1059	1035	1412
宁　夏	4448	669	1799	1672	2510
新　疆	16213	2697	4889	5914	8026

2-3-15 各地区内资工业企业R&D人员情况

地区	R&D人员（人）	#女性	#研究人员	#全时人员	R&D人员折合全时当量（人年）
全国	**5329028**	**1176103**	**1467125**	**3678803**	**3978276**
东部地区	3383527	756649	891119	2406337	2611183
中部地区	1174861	250709	325943	800152	855187
西部地区	636699	136314	199095	384468	421201
东北地区	133941	32431	50968	87846	90705
北京	62560	17257	27283	45728	43640
天津	62034	14282	22415	45082	46762
河北	157777	34210	36802	102346	104785
山西	67539	9979	16288	32073	41278
内蒙古	40826	6690	10834	15660	24710
辽宁	84473	19387	30680	53668	56240
吉林	18033	5446	8109	13574	12961
黑龙江	31435	7598	12179	20604	21504
上海	91015	21235	33843	69949	69184
江苏	711233	158739	204196	502212	554550
浙江	702579	160027	138170	448998	555092
安徽	238132	46712	65236	157717	179432
福建	213462	53653	56335	163123	165661
江西	143892	32833	30174	100538	111603
山东	508040	119022	127625	356719	394105
河南	243318	54487	67312	169623	171462
湖北	226507	50650	69053	156800	164024
湖南	255473	56048	77880	183401	187388
广东	866820	175445	242002	667077	672294
广西	47657	11154	11603	25805	27538
海南	8007	2779	2448	5103	5111
重庆	105681	23701	33637	76095	74517
四川	172235	39099	57257	119736	119758
贵州	43995	9893	12643	22910	26848
云南	53738	11373	13142	27093	35952
西藏	376	101	118	149	236
陕西	92187	18606	37093	64039	67443
甘肃	26097	5566	8970	13303	17039
青海	4368	827	1464	2041	2137
宁夏	20628	4212	5164	7796	11262
新疆	28911	5092	7170	9841	13760

2-3-16 各地区港澳台商投资工业企业R&D人员情况

地　区	R&D人员（人）	#女性	#研究人员	#全时人员	R&D人员折合全时当量（人年）
全　国	**571909**	**134677**	**160493**	**431565**	**458589**
东部地区	484576	114650	136201	365767	393827
中部地区	57322	13281	15648	44955	43910
西部地区	23917	4850	6446	16247	17046
东北地区	6094	1896	2198	4596	3806
北　京	8966	3331	4487	7503	7431
天　津	5404	1337	1650	3662	4156
河　北	21498	3438	8236	17793	16073
山　西	407	119	85	276	304
内蒙古	1930	264	360	1016	1331
辽　宁	5148	1663	1928	3887	3188
吉　林	573	109	136	444	350
黑龙江	373	124	134	265	268
上　海	15733	4328	6383	12719	12911
江　苏	91154	23692	28521	67576	71839
浙　江	61265	14952	17874	43883	50704
安　徽	10690	3019	3552	8044	7802
福　建	37675	10361	8601	29706	30179
江　西	6725	2131	1086	4795	5241
山　东	30395	7637	8579	21003	23808
河　南	5695	1417	1628	3995	3956
湖　北	11965	1948	3359	9385	9326
湖　南	21840	4647	5938	18460	17281
广　东	211992	45435	51742	161669	176422
广　西	2030	494	239	951	1204
海　南	494	139	128	253	304
重　庆	8769	1989	2549	6998	6701
四　川	6583	1309	1989	4686	4684
贵　州	1290	125	218	547	740
云　南	1285	276	349	716	909
西　藏					
陕　西	1162	336	420	753	856
甘　肃	175	17	34	91	113
青　海					
宁　夏	606	25	261	440	469
新　疆	87	15	27	49	38

2–3–17 各地区外商投资工业企业R&D人员情况

地　区	R&D人员（人）	#女性	#研究人员	#全时人员	R&D人员折合全时当量（人年）
全　国	**495508**	**117433**	**157141**	**354990**	**379840**
东部地区	396013	95351	124136	286145	307299
中部地区	55251	11588	17376	37448	41336
西部地区	27262	6633	9100	19082	19664
东北地区	16982	3861	6529	12315	11541
北　京	11175	3507	4714	8033	8923
天　津	7863	2249	2866	5402	5621
河　北	11883	2363	3408	7705	7745
山　西	1811	75	232	142	684
内蒙古	1022	357	296	547	512
辽　宁	12375	2786	4087	8313	7901
吉　林	4384	1045	2349	3879	3548
黑龙江	223	30	93	123	92
上　海	38821	9280	17057	30321	30423
江　苏	120250	30604	37778	88378	94859
浙　江	55531	12819	16601	36711	45229
安　徽	11498	2519	4007	8905	9017
福　建	21345	5518	5817	15550	16080
江　西	11428	2748	3848	9062	9313
山　东	34352	9935	10579	25441	26491
河　南	10335	2153	2249	4510	7311
湖　北	14080	2668	5162	10627	10613
湖　南	6099	1425	1878	4202	4397
广　东	94436	18966	25228	68429	71644
广　西	6217	1150	1994	4526	4774
海　南	357	110	88	175	284
重　庆	8140	1943	2935	6243	5583
四　川	5166	1533	1324	3627	3632
贵　州	558	179	199	278	290
云　南	677	149	127	258	409
西　藏					
陕　西	4198	1182	1847	3189	3569
甘　肃	100	10	45	86	77
青　海					
宁　夏	481	57	167	265	307
新　疆	703	73	166	63	510

第二部分

工业企业研发活动情况

4

工业企业 R&D 经费支出情况

(2023)

2-4-1-1 分登记注册统计类别工业企业R&D经费内部支出情况

单位：万元

登记注册统计类别	R&D经费内部支出	日常性支出	#人员劳务费	资产性支出	#仪器和设备	#政府资金	#企业资金
合　计	**209698997**	**194427867**	**66572134**	**15271130**	**14912204**	**4016788**	**205166436**
内资企业	**172123465**	**159065089**	**52335807**	**13058376**	**12763861**	**3664947**	**168200852**
有限责任公司	132458049	122163392	38464639	10294658	10076858	2839058	129418441
股份有限公司	38281464	35621814	13484622	2659650	2588601	805204	37423683
非公司企业法人	974247	884564	306192	89683	84823	19779	951528
个人独资企业	333126	321992	60917	11133	10631	839	330687
合伙企业	75828	72580	18947	3248	2948	68	75760
港澳台商投资	**18361276**	**17226377**	**6952340**	**1134899**	**1097262**	**132919**	**18114544**
港澳台投资有限责任公司	13294223	12326926	4970759	967297	937962	63328	13120539
港澳台投资股份有限公司	4553088	4400579	1798884	152509	144945	68293	4482984
港澳台投资合伙企业	249243	238514	112208	10729	10072	952	248291
其他港澳台投资企业	264722	260358	70489	4364	4284	346	262730
外商投资	**19214256**	**18136401**	**7283988**	**1077855**	**1051081**	**218922**	**18851040**
外商投资有限责任公司	14904762	14104920	5727252	799843	778528	102069	14679622
外商投资股份有限公司	3611038	3391094	1321962	219944	214600	100426	3490026
外商投资合伙企业	365962	330439	163956	35522	35450	665	364765
其他外商投资企业	332495	309948	70818	22546	22504	15762	316627

2-4-1-2 分登记注册统计类别大型工业企业R&D经费内部支出情况

单位：万元

登记注册统计类别	R&D经费内部支出	日常性支出	#人员劳务费	资产性支出	#仪器和设备	#政府资金	#企业资金
合　计	**100793209**	**93187363**	**33518554**	**7605846**	**7434841**	**2490923**	**98030259**
内资企业	**76871483**	**70518349**	**24551861**	**6353134**	**6223972**	**2292301**	**74454049**
有限责任公司	53047439	48409493	16379544	4637946	4560368	1796269	51161762
股份有限公司	23207565	21561817	7968171	1645748	1598736	487564	22684410
非公司企业法人	616480	547039	204145	69440	64868	8467	607877
个人独资企业							
合伙企业							
港澳台商投资	**11953385**	**11247496**	**4623792**	**705889**	**678940**	**83097**	**11774887**
港澳台投资有限责任公司	8135559	7526365	3122732	609194	588747	35316	8006488
港澳台投资股份有限公司	3464866	3376509	1375167	88357	82394	46574	3418292
港澳台投资合伙企业	138631	132352	72974	6279	5777	940	137691
其他港澳台投资企业	214329	212270	52919	2059	2023	267	212416
外商投资	**11968341**	**11421518**	**4342901**	**546823**	**531929**	**115526**	**11801323**
外商投资有限责任公司	8974587	8572058	3303490	402530	389867	60975	8864405
外商投资股份有限公司	2550806	2424507	897512	126299	124086	54148	2494373
外商投资合伙企业	192335	180838	94651	11497	11490		192335
其他外商投资企业	250613	244115	47248	6498	6487	403	250210

2-4-1-3　分登记注册统计类别中型工业企业R&D经费内部支出情况

单位：万元

登记注册统计类别	R&D经费内部支出	日常性支出	#人员劳务费	资产性支出	#仪器和设备	#政府资金	#企业资金
合　计	**48665543**	**45095643**	**15573902**	**3569900**	**3483077**	**813072**	**47715257**
内资企业	**40350582**	**37347892**	**12325782**	**3002690**	**2929392**	**732033**	**39564911**
有限责任公司	30699445	28354041	8739069	2345404	2288435	512913	30145485
股份有限公司	9357273	8720554	3508062	636719	620702	209609	9136879
非公司企业法人	237820	221479	65518	16342	16288	9210	226802
个人独资企业	39627	36591	7064	3035	3007	300	39327
合伙企业	16418	15228	6068	1190	960		16418
港澳台商投资	**4042398**	**3784129**	**1508890**	**258268**	**252546**	**30508**	**4000155**
港澳台投资有限责任公司	3169975	2962234	1176081	207741	203617	16503	3141738
港澳台投资股份有限公司	765952	720006	297249	45945	44513	14005	751947
港澳台投资合伙企业	80971	77876	28232	3095	2955		80970
其他港澳台投资企业	25500	24013	7329	1487	1461		25500
外商投资	**4272563**	**3963622**	**1739231**	**308942**	**301139**	**50531**	**4150191**
外商投资有限责任公司	3387564	3174646	1395386	212917	207558	14834	3319792
外商投资股份有限公司	731421	665966	289068	65455	63103	34995	678160
外商投资合伙企业	110028	95091	45142	14937	14871	354	109142
其他外商投资企业	43551	27918	9635	15633	15608	347	43098

2-4-1-4　分行业工业企业R&D经费内部支出情况

单位：万元

行　　业	R&D经费内部支出	日常性支出	#人员劳务费	资产性支出	#仪器和设备	#政府资金	#企业资金
合　计	**209698997**	**194427867**	**66572134**	**15271130**	**14912204**	**4016788**	**205166436**
采矿业	**5185097**	**4914526**	**1715956**	**270571**	**261777**	**22649**	**5158178**
煤炭开采和洗选业	2206325	2024606	804825	181718	178711	6205	2198491
石油和天然气开采业	1375573	1358332	546431	17242	12826	9177	1366263
黑色金属矿采选业	451033	420171	69556	30862	30507	686	450348
有色金属矿采选业	386433	376493	93496	9939	9573	2330	384103
非金属矿采选业	293974	282513	65374	11461	11005	2052	290067
开采及其他辅助性活动	470752	451412	136088	19340	19147	2200	467898
制造业	**201079062**	**186429639**	**63882362**	**14649423**	**14314667**	**3967590**	**196606203**
农副食品加工业	3165903	3000709	581232	165194	160157	31603	3131575
食品制造业	1868130	1768695	540344	99435	97730	25530	1841890
酒、饮料和精制茶制造业	872397	813363	234692	59034	56393	12096	859288
烟草制品业	363548	319924	200757	43624	42976	1247	359089
纺织业	2812582	2609480	781632	203102	197756	11293	2798715
纺织服装、服饰业	1015887	984619	374340	31267	30223	7508	1007564
皮革、毛皮、羽毛及其制品和制鞋业	1044149	1019611	355114	24538	22756	3436	1039944
木材加工和木、竹、藤、棕、草制品业	849720	799523	175005	50198	47880	5642	839722
家具制造业	947892	902788	353408	45104	44211	3687	943670
造纸和纸制品业	1793057	1684604	335614	108453	106483	7036	1784600
印刷和记录媒介复制业	929706	842085	312608	87622	85644	6292	922505
文教、工美、体育和娱乐用品制造业	1208160	1154516	385352	53645	52109	7445	1198712
石油加工、炼焦和核燃料加工业	1914042	1807890	255664	106152	95637	11571	1902351
化学原料和化学制品制造业	12162533	11260444	2748575	902090	868136	177590	11959600
医药制造业	10963162	10075501	2978598	887661	873808	177770	10721914
化学纤维制造业	1721998	1583635	349765	138363	137014	20829	1699217
橡胶和塑料制品业	5332732	4983260	1607678	349472	341575	36138	5289216
非金属矿物制品业	7240261	6615966	1639186	624295	610494	56808	7178349
黑色金属冶炼和压延加工业	9678563	9332528	883554	346035	336350	34506	9643604
有色金属冶炼和压延加工业	6423964	6166638	804307	257326	252184	130919	6289156
金属制品业	7231794	6776676	1906396	455118	444095	106135	7119892
通用设备制造业	12189227	11330406	4592685	858822	827505	272736	11867525
专用设备制造业	11642127	10954521	4761178	687607	670764	270999	11318447
汽车制造业	18022429	16807118	6601133	1215311	1177458	163877	17831193
铁路、船舶、航空航天和其他运输设备制造业	6231313	5747206	1929692	484107	471892	718418	5488814
电气机械和器材制造业	23773955	21833597	6990953	1940358	1904385	258563	23474239
计算机、通信和其他电子设备制造业	43927705	39936608	18792997	3991098	3934655	1179719	42580316
仪器仪表制造业	3575131	3366485	1869178	208647	202064	92652	3477198
其他制造业	1034717	883702	308805	151015	149769	130849	901053
废弃资源综合利用业	886143	832477	126521	53666	52173	3002	882763
金属制品、机械和设备修理业	256136	235068	105400	21069	20389	1697	254084
电力、热力、燃气及水生产和供应业	**3434837**	**3083702**	**973817**	**351136**	**335761**	**26549**	**3402056**
电力、热力生产和供应业	2675077	2415115	747556	259962	247969	21944	2647195
燃气生产和供应业	435884	415224	125123	20661	17972	1076	434808
水的生产和供应业	323876	253363	101137	70513	69820	3529	320052

2-4-1-5 分行业大型工业企业R&D经费内部支出情况

单位：万元

行业	R&D经费内部支出	日常性支出	#人员劳务费	资产性支出	#仪器和设备	#政府资金	#企业资金
合计	**100793209**	**93187363**	**33518554**	**7605846**	**7434841**	**2490923**	**98030259**
采矿业	**3809889**	**3612092**	**1411690**	**197797**	**190704**	**13554**	**3794741**
煤炭开采和洗选业	1745571	1595116	666652	150455	148228	4841	1739924
石油和天然气开采业	1272794	1255910	530842	16884	12499	5771	1266889
黑色金属矿采选业	202422	193402	37972	9020	8822	512	201910
有色金属矿采选业	124296	120885	35955	3411	3268	340	123956
非金属矿采选业	35901	35526	13604	375	363	1069	34832
开采及其他辅助性活动	428905	411253	126666	17652	17524	1022	427230
制造业	**95815394**	**88532385**	**31654732**	**7283009**	**7126767**	**2460781**	**93086518**
农副食品加工业	422205	395962	103450	26243	25631	1893	420312
食品制造业	535199	510869	163997	24330	24075	9671	525528
酒、饮料和精制茶制造业	455630	426526	132136	29104	27985	6084	449212
烟草制品业	306951	266352	170598	40599	40142	1075	302704
纺织业	550792	492669	165677	58123	56337	1423	549370
纺织服装、服饰业	218193	215706	107928	2487	2437	4468	213725
皮革、毛皮、羽毛及其制品和制鞋业	315393	309896	135660	5497	5151	392	315001
木材加工和木、竹、藤、棕、草制品业	14037	13047	4257	990	990	29	14008
家具制造业	369797	355189	160438	14608	14517	1003	368794
造纸和纸制品业	575933	566819	85143	9114	8942	2310	573623
印刷和记录媒介复制业	85579	82558	42980	3022	3017		85579
文教、工美、体育和娱乐用品制造业	224814	214465	75919	10349	10296	1560	223254
石油加工、炼焦和核燃料加工业	1184195	1100198	171534	83997	74584	8658	1175512
化学原料和化学制品制造业	3719344	3366160	684723	353184	335381	56433	3647388
医药制造业	5666071	5194908	1402873	471164	465110	83672	5544556
化学纤维制造业	995755	909740	202074	86015	85340	13953	981802
橡胶和塑料制品业	1298680	1239435	427848	59245	58234	10686	1283253
非金属矿物制品业	1291658	1155050	315998	136608	133206	13542	1278116
黑色金属冶炼和压延加工业	7952418	7672124	672548	280294	271985	28023	7924395
有色金属冶炼和压延加工业	2659866	2570385	327696	89481	88364	59824	2597917
金属制品业	1183727	1124890	378434	58837	57013	61720	1121910
通用设备制造业	3717912	3490827	1474038	227085	208590	120293	3568024
专用设备制造业	3234914	3076899	1413454	158015	151552	110724	3086017
汽车制造业	11242694	10620662	4207344	622032	597375	98963	11139722
铁路、船舶、航空航天和其他运输设备制造业	3798878	3514798	1103308	284080	274704	580694	3211546
电气机械和器材制造业	11494802	10368629	3442315	1126174	1107363	171941	11312247
计算机、通信和其他电子设备制造业	30494219	27691566	13368486	2802653	2782778	876924	29503604
仪器仪表制造业	840657	782542	464659	58115	55916	17702	821871
其他制造业	648646	516491	177701	132155	131425	116093	532129
废弃资源综合利用业	182816	169495	18223	13321	12883	306	182510
金属制品、机械和设备修理业	133618	117529	53299	16089	15447	725	132891
电力、热力、燃气及水生产和供应业	**1167926**	**1042887**	**452131**	**125040**	**117370**	**16588**	**1149001**
电力、热力生产和供应业	1013325	893702	374180	119623	112713	15741	995246
燃气生产和供应业	104299	99928	53080	4372	3737	62	104237
水的生产和供应业	50303	49258	24871	1045	921	785	49517

2-4-1-6 分行业中型工业企业R&D经费内部支出情况

单位：万元

行业	R&D经费内部支出	日常性支出	#人员劳务费	资产性支出	#仪器和设备	#政府资金	#企业资金
合　计	**48665543**	**45095643**	**15573902**	**3569900**	**3483077**	**813072**	**47715257**
采矿业	**750587**	**695657**	**201999**	**54930**	**54148**	**2268**	**747747**
煤炭开采和洗选业	384331	354217	120633	30114	29643	655	383104
石油和天然气开采业	21217	21217	7750				21217
黑色金属矿采选业	131161	111944	18228	19217	19168	96	131065
有色金属矿采选业	127820	124066	35869	3754	3678	816	127004
非金属矿采选业	58510	56995	13744	1515	1390	143	58367
开采及其他辅助性活动	27549	27218	5774	331	270	558	26990
制造业	**46903292**	**43535255**	**15147157**	**3368037**	**3283932**	**808656**	**45957999**
农副食品加工业	720189	680875	142622	39314	38408	8837	711352
食品制造业	529439	508779	158563	20660	20225	5073	524145
酒、饮料和精制茶制造业	191136	181575	47997	9561	8627	2629	188160
烟草制品业	32415	31207	17035	1207	1022		32375
纺织业	993833	933728	303479	60105	58933	3784	989021
纺织服装、服饰业	384139	371256	145459	12883	12552	1036	383091
皮革、毛皮、羽毛及其制品和制鞋业	284961	276994	100058	7967	7362	2102	282703
木材加工和木、竹、藤、棕、草制品业	132207	121570	39741	10638	10533	1963	128323
家具制造业	233511	221994	88633	11517	11237	1485	232026
造纸和纸制品业	552739	521355	107888	31385	30889	1274	551465
印刷和记录媒介复制业	317773	296223	115587	21550	20597	1353	315877
文教、工美、体育和娱乐用品制造业	374685	357174	137067	17511	16871	2084	372600
石油加工、炼焦和核燃料加工业	507770	495310	48479	12460	11552	1392	506283
化学原料和化学制品制造业	3837616	3618534	925370	219082	212120	62893	3772506
医药制造业	2974908	2738694	913350	236214	231914	51174	2901338
化学纤维制造业	318369	294730	65267	23639	23533	2141	316228
橡胶和塑料制品业	1292598	1191279	422406	101320	98927	12339	1280027
非金属矿物制品业	2131546	1935140	496762	196406	193642	16579	2113629
黑色金属冶炼和压延加工业	1039034	1002016	104982	37019	36422	3966	1034942
有色金属冶炼和压延加工业	1680742	1601894	213565	78848	77294	40139	1639717
金属制品业	2245188	2092014	590117	153173	151127	26128	2218298
通用设备制造业	3343090	3097294	1311819	245796	241405	85280	3245432
专用设备制造业	3186647	3024705	1384540	161942	157731	77706	3104532
汽车制造业	3814766	3467162	1395908	347604	340523	31575	3769738
铁路、船舶、航空航天和其他运输设备制造业	1337521	1251380	478036	86141	84418	83620	1245466
电气机械和器材制造业	5947948	5505846	1781075	442102	433337	40105	5884713
计算机、通信和其他电子设备制造业	6993760	6287661	2903376	706098	678716	196807	6756832
仪器仪表制造业	1143274	1084232	599064	59042	57404	41074	1101976
其他制造业	165742	153900	59803	11842	11712	3244	160368
废弃资源综合利用业	135175	132622	21993	2553	2442	515	134660
金属制品、机械和设备修理业	60576	58115	27116	2461	2458	360	60175
电力、热力、燃气及水生产和供应业	**1011664**	**864732**	**224747**	**146933**	**144997**	**2148**	**1009511**
电力、热力生产和供应业	811744	729174	169105	82570	81016	1573	810166
燃气生产和供应业	82892	76949	29300	5944	5776		82892
水的生产和供应业	117029	58610	26342	58419	58204	575	116454

2-4-1-7 分行业国有控股工业企业R&D经费内部支出情况

单位：万元

行业	R&D经费内部支出	日常性支出	#人员劳务费	资产性支出	#仪器和设备	#政府资金	#企业资金
合计	**48545195**	**44527639**	**14344822**	**4017556**	**3909937**	**2315156**	**46149106**
采矿业	**4060865**	**3898783**	**1493984**	**162082**	**154636**	**18435**	**4040264**
煤炭开采和洗选业	1843813	1730700	704461	113113	110800	5192	1837242
石油和天然气开采业	1241280	1224924	526353	16356	11983	8803	1232343
黑色金属矿采选业	206685	199443	43515	7242	7025	351	206335
有色金属矿采选业	239571	234253	65098	5317	5095	1885	237685
非金属矿采选业	80424	78421	25480	2003	1862	1147	79277
开采及其他辅助性活动	448849	430807	128997	18042	17863	1056	447139
制造业	**41827471**	**38266114**	**12067373**	**3561357**	**3473506**	**2273274**	**39481663**
农副食品加工业	101427	99129	18662	2298	2204	707	100675
食品制造业	197084	189802	66385	7283	7189	3745	193302
酒、饮料和精制茶制造业	321883	301183	100932	20700	20195	5701	316182
烟草制品业	301665	259686	171631	41980	41339	1112	297341
纺织业	52093	46349	15646	5744	5589	502	51590
纺织服装、服饰业	15709	14796	6039	913	896	470	15239
皮革、毛皮、羽毛及其制品和制鞋业	6589	6546	3141	43	19	88	6501
木材加工和木、竹、藤、棕、草制品业	28041	27903	13580	139	114	117	27924
家具制造业	69673	68049	29768	1623	1623		69673
造纸和纸制品业	121491	119417	20025	2073	2057	828	120626
印刷和记录媒介复制业	85639	76345	43828	9294	9251	54	85362
文教、工美、体育和娱乐用品制造业	17542	16610	8757	932	928	23	17519
石油加工、炼焦和核燃料加工业	844656	777351	147396	67305	58472	7605	836931
化学原料和化学制品制造业	2630988	2307926	601229	323062	309548	70573	2542256
医药制造业	1161062	1061086	345576	99976	97480	30500	1130202
化学纤维制造业	241550	211688	60784	29862	29446	7745	233805
橡胶和塑料制品业	357269	326152	100348	31117	30644	4629	352594
非金属矿物制品业	1199115	1017782	255841	181333	178789	22226	1175685
黑色金属冶炼和压延加工业	4242337	4126782	401772	115555	113186	18546	4223715
有色金属冶炼和压延加工业	2089695	1998222	290411	91473	90192	77030	2010036
金属制品业	929936	877145	263052	52791	51133	79839	849684
通用设备制造业	2355896	2220385	869040	135511	130126	143522	2211781
专用设备制造业	2131196	2036958	746854	94238	91038	123195	2003992
汽车制造业	6053275	5758828	2056554	294447	274284	107893	5940679
铁路、船舶、航空航天和其他运输设备制造业	4069966	3726083	1187094	343883	336203	696510	3353134
电气机械和器材制造业	2173669	2034470	662912	139199	136642	130811	2038333
计算机、通信和其他电子设备制造业	8557721	7306927	3052327	1250795	1240609	582480	7969106
仪器仪表制造业	545888	484272	260694	61615	59799	25952	516808
其他制造业	704023	565531	190597	138492	137556	129739	571730
废弃资源综合利用业	84871	81293	15800	3578	3508	83	84788
金属制品、机械和设备修理业	135523	121420	60699	14104	13449	1052	134470
电力、热力、燃气及水生产和供应业	**2656859**	**2362742**	**783465**	**294117**	**281795**	**23447**	**2627179**
电力、热力生产和供应业	2255256	2030154	651725	225102	214391	20569	2228749
燃气生产和供应业	153988	147630	53536	6358	5195	243	153745
水的生产和供应业	247615	184958	78205	62657	62209	2635	244685

2-4-1-8　分行业内资工业企业R&D经费内部支出情况

单位：万元

行　　业	R&D经费内部支出	日常性支出	#人员劳务费	资产性支出	#仪器和设备	#政府资金	#企业资金
合　计	**172123465**	**159065089**	**52335807**	**13058376**	**12763861**	**3664947**	**168200852**
采矿业	**4966007**	**4701550**	**1651081**	**264457**	**255747**	**20897**	**4940840**
煤炭开采和洗选业	2123552	1946685	767204	176867	173859	5275	2116648
石油和天然气开采业	1273626	1257048	528201	16577	12204	8831	1264662
黑色金属矿采选业	441377	410516	68411	30861	30507	686	440692
有色金属矿采选业	374770	365358	88460	9412	9059	2095	372675
非金属矿采选业	289363	277973	64312	11391	10963	2048	285461
开采及其他辅助性活动	462311	442971	134308	19340	19147	1963	459695
制造业	**164127077**	**151650648**	**49825679**	**12476430**	**12204283**	**3618038**	**160260055**
农副食品加工业	2845753	2713935	493098	131818	127461	30344	2812684
食品制造业	1543273	1465563	426063	77710	76138	21054	1521509
酒、饮料和精制茶制造业	775311	728242	202969	47069	45213	10815	763558
烟草制品业	360579	316977	199323	43602	42960	1241	356127
纺织业	2361622	2186760	628001	174862	170062	10618	2348482
纺织服装、服饰业	779761	753108	270375	26653	25740	3652	775426
皮革、毛皮、羽毛及其制品和制鞋业	835237	815333	277920	19903	18356	2292	832399
木材加工和木、竹、藤、棕、草制品业	828970	779199	169766	49771	47458	5328	819285
家具制造业	842761	800900	307981	41861	41002	3524	838701
造纸和纸制品业	1319443	1226709	250718	92733	90955	6531	1311526
印刷和记录媒介复制业	801823	729196	261082	72627	70854	5694	795276
文教、工美、体育和娱乐用品制造业	989829	952489	290004	37340	35992	4742	983631
石油加工、炼焦和核燃料加工业	1796174	1706028	234916	90146	83722	11393	1784661
化学原料和化学制品制造业	10769091	9951150	2294187	817941	785580	168801	10575412
医药制造业	8030376	7392748	2170969	637628	626615	126916	7898440
化学纤维制造业	1422528	1293748	294773	128781	127590	20357	1400219
橡胶和塑料制品业	4345367	4055806	1224815	289562	282800	28287	4315050
非金属矿物制品业	6655652	6074302	1466764	581350	568924	55664	6594924
黑色金属冶炼和压延加工业	8836620	8518419	773207	318201	308707	33045	8803123
有色金属冶炼和压延加工业	6040442	5792827	736767	247615	242690	121192	5915362
金属制品业	6456400	6049946	1642937	406454	396514	104426	6347135
通用设备制造业	9939047	9220217	3560326	718829	703252	234089	9696321
专用设备制造业	9711097	9126553	3884155	584544	571472	232885	9436703
汽车制造业	10785460	9913459	3925703	872001	842930	124009	10645205
铁路、船舶、航空航天和其他运输设备制造业	5632884	5182104	1724829	450781	438975	714311	4897000
电气机械和器材制造业	20505547	18756760	5727567	1748787	1718399	247025	20245107
计算机、通信和其他电子设备制造业	33865560	30499271	14341034	3366290	3321822	1070667	32722818
仪器仪表制造业	3027741	2844304	1569556	183437	177357	83828	2939697
其他制造业	953501	804569	269226	148932	147690	130821	820082
废弃资源综合利用业	869297	816684	121983	52613	51145	2988	865994
金属制品、机械和设备修理业	199935	183346	84667	16589	15910	1500	198201
电力、热力、燃气及水生产和供应业	**3030380**	**2712891**	**859047**	**317490**	**303830**	**26013**	**2999957**
电力、热力生产和供应业	2492481	2255438	713309	237043	225905	21614	2466751
燃气生产和供应业	241632	229903	56979	11729	9839	1066	240566
水的生产和供应业	296267	227549	88759	68718	68086	3332	292640

2-4-1-9　分行业港澳台商投资工业企业R&D经费内部支出情况

单位：万元

行　　业	R&D经费内部支出	日常性支出	#人员劳务费	资产性支出	#仪器和设备	#政府资金	#企业资金
合　计	**18361276**	**17226377**	**6952340**	**1134899**	**1097262**	**132919**	**18114544**
采矿业	**175891**	**174435**	**51302**	**1455**	**1378**	**1411**	**174480**
煤炭开采和洗选业	62194	61994	30248	200	200	930	61264
石油和天然气开采业	87343	86686	15638	657	622	243	87100
黑色金属矿采选业	9618	9617	1113	1			9618
有色金属矿采选业	7214	6687	2508	527	514	234	6980
非金属矿采选业	1318	1248	190	70	42	4	1314
开采及其他辅助性活动	8203	8203	1605				8203
制造业	**17941201**	**16831318**	**6825512**	**1109884**	**1073807**	**131063**	**17697972**
农副食品加工业	102899	98816	21295	4083	3875	582	102317
食品制造业	146210	138759	48420	7451	7416	3712	142498
酒、饮料和精制茶制造业	37079	30829	11962	6250	6186	1134	35869
烟草制品业	2969	2948	1435	21	17	6	2963
纺织业	331346	309967	109145	21380	20864	238	331057
纺织服装、服饰业	167345	164211	73789	3133	3074	390	166823
皮革、毛皮、羽毛及其制品和制鞋业	132707	130181	47693	2527	2377	1097	131506
木材加工和木、竹、藤、棕、草制品业	12253	11875	3044	378	373	193	12060
家具制造业	65077	62225	26984	2852	2817	163	64914
造纸和纸制品业	322031	311334	61631	10697	10536	152	321879
印刷和记录媒介复制业	82153	78394	35268	3760	3732	597	81556
文教、工美、体育和娱乐用品制造业	146975	137254	61285	9721	9616	2547	144428
石油加工、炼焦和核燃料加工业	76186	61410	9822	14776	11658	176	76010
化学原料和化学制品制造业	681542	636068	197403	45475	44664	3900	677478
医药制造业	1941066	1746586	515690	194481	192916	23649	1916218
化学纤维制造业	208202	199655	39771	8546	8440	93	208108
橡胶和塑料制品业	625804	586124	228960	39680	39140	7725	617902
非金属矿物制品业	365288	346544	109032	18745	18117	1034	364254
黑色金属冶炼和压延加工业	575638	551146	87218	24492	24414	615	575023
有色金属冶炼和压延加工业	223206	214980	38207	8226	8038	3230	219975
金属制品业	410098	378300	127044	31798	30958	686	409412
通用设备制造业	708375	646365	327438	62010	47928	2462	668806
专用设备制造业	849967	811632	374151	38335	37087	9109	840668
汽车制造业	2247716	2158668	964488	89048	87567	16107	2229728
铁路、船舶、航空航天和其他运输设备制造业	227752	222259	91683	5493	5298	521	227231
电气机械和器材制造业	1804762	1672843	656904	131920	127142	4935	1791121
计算机、通信和其他电子设备制造业	5127981	4822274	2393148	305707	300958	42679	5023704
仪器仪表制造业	269213	253563	140276	15650	15374	3290	265466
其他制造业	21445	20129	8804	1316	1312	28	21200
废弃资源综合利用业	14348	13295	3339	1053	1029	14	14271
金属制品、机械和设备修理业	13569	12685	10183	884	883		13528
电力、热力、燃气及水生产和供应业	**244184**	**220624**	**75526**	**23560**	**22077**	**445**	**242092**
电力、热力生产和供应业	142208	126979	26800	15229	14441	280	140282
燃气生产和供应业	79225	72677	38410	6548	5915	10	79215
水的生产和供应业	22751	20969	10317	1783	1721	155	22596

2-4-1-10 分行业外商投资工业企业R&D经费内部支出情况

单位：万元

行业	R&D经费内部支出	日常性支出	#人员劳务费	资产性支出	#仪器和设备	#政府资金	#企业资金
合计	**19214256**	**18136401**	**7283988**	**1077855**	**1051081**	**218922**	**18851040**
采矿业	**43200**	**38541**	**13574**	**4659**	**4651**	**341**	**42859**
煤炭开采和洗选业	20578	15927	7373	4651	4651		20578
石油和天然气开采业	14605	14597	2593	8		103	14502
黑色金属矿采选业	38	38	33				38
有色金属矿采选业	4448	4448	2529				4448
非金属矿采选业	3292	3292	872				3292
开采及其他辅助性活动	238	238	175			238	
制造业	**19010783**	**17947674**	**7231171**	**1063110**	**1036576**	**218490**	**18648176**
农副食品加工业	217251	187958	66838	29292	28822	677	216574
食品制造业	178646	164372	65862	14274	14176	764	177882
酒、饮料和精制茶制造业	60008	54292	19761	5715	4994	147	59861
烟草制品业							
纺织业	119614	112754	44486	6860	6831	437	119177
纺织服装、服饰业	68782	67300	30177	1482	1409	3467	65315
皮革、毛皮、羽毛及其制品和制鞋业	76205	74097	29501	2108	2022	47	76039
木材加工和木、竹、藤、棕、草制品业	8498	8449	2195	48	48	121	8377
家具制造业	40055	39663	18443	392	391		40055
造纸和纸制品业	151584	146561	23265	5023	4993	353	151195
印刷和记录媒介复制业	45730	34495	16258	11235	11059		45673
文教、工美、体育和娱乐用品制造业	71356	64773	34063	6584	6501	156	70653
石油加工、炼焦和核燃料加工业	41682	40452	10925	1230	258	2	41680
化学原料和化学制品制造业	711900	673226	256985	38673	37892	4889	706710
医药制造业	991720	936167	291939	55553	54276	27205	907256
化学纤维制造业	91269	90232	15221	1036	983	378	90891
橡胶和塑料制品业	361560	341331	153902	20229	19635	127	356264
非金属矿物制品业	219321	195121	63390	24200	23453	110	219171
黑色金属冶炼和压延加工业	266305	262963	23129	3342	3229	846	265459
有色金属冶炼和压延加工业	160316	158831	29333	1485	1456	6497	153819
金属制品业	365297	348430	136415	16867	16624	1023	363345
通用设备制造业	1541805	1463823	704922	77982	76326	36186	1502398
专用设备制造业	1081064	1016335	502872	64728	62205	29005	1041075
汽车制造业	4989253	4734991	1710942	254262	246960	23762	4956260
铁路、船舶、航空航天和其他运输设备制造业	370677	342843	113180	27833	27619	3586	364582
电气机械和器材制造业	1463646	1403994	606482	59651	58845	6603	1438011
计算机、通信和其他电子设备制造业	4934164	4615063	2058816	319101	311875	66373	4833794
仪器仪表制造业	278178	268618	159345	9560	9333	5534	272035
其他制造业	59771	59004	30775	767	767		59771
废弃资源综合利用业	2498	2498	1199				2498
金属制品、机械和设备修理业	42633	39037	10550	3596	3596	198	42355
电力、热力、燃气及水生产和供应业	**160273**	**150187**	**39243**	**10086**	**9854**	**91**	**160006**
电力、热力生产和供应业	40389	32699	7447	7690	7623	50	40162
燃气生产和供应业	115028	112644	29735	2384	2218		115028
水的生产和供应业	4857	4844	2061	13	13	41	4816

2-4-1-11 各地区工业企业R&D经费内部支出情况

单位：万元

地区	R&D经费内部支出	日常性支出	#人员劳务费	资产性支出	#仪器和设备	#政府资金	#企业资金
全国	**209698997**	**194427867**	**66572134**	**15271130**	**14912204**	**4016788**	**205166436**
东部地区	136131536	126449119	46744723	9682417	9482656	1898863	133868778
中部地区	43804781	40486619	11711498	3318162	3219391	916887	42813189
西部地区	23743452	21793468	6464617	1949983	1905231	984247	22698430
东北地区	6019228	5698661	1651296	320568	304926	216791	5786039
北京	4410019	4076430	1908095	333589	327721	316660	4020640
天津	2959946	2752441	985053	207505	203180	39607	2863704
河北	7035030	6795948	1494639	239082	224804	43017	6988352
山西	2175885	2095364	520776	80521	78968	78577	2095682
内蒙古	1919744	1751221	341284	168524	167261	78317	1841225
辽宁	3922250	3741943	990990	180306	178737	102050	3804851
吉林	1036767	929662	276457	107105	94460	15303	1020688
黑龙江	1060212	1027056	383849	33156	31729	99438	960500
上海	8110336	7234647	3321839	875690	867393	187271	7867927
江苏	33016934	30308134	11283385	2708800	2649975	226163	32686637
浙江	18275760	17113904	6156143	1161856	1142964	189325	18073205
安徽	9269647	8330876	2672986	938772	923263	173691	9045615
福建	9172900	8452110	3336928	720791	706325	149702	9009000
江西	4840718	4462385	1056734	378333	371604	131327	4708988
山东	18693400	17555057	4391025	1138344	1110862	200777	18468438
河南	9142432	8507478	2555026	634954	625237	74376	9060848
湖北	8956266	8193798	2521322	762468	743247	266597	8678352
湖南	9419834	8896719	2384655	523115	477073	192319	9223705
广东	34266367	31983387	13831962	2282979	2236085	543065	33703802
广西	1551896	1464911	404393	86985	81370	37685	1513781
海南	190844	177061	35657	13783	13346	3275	187073
重庆	4999041	4677453	1416572	321588	315939	77515	4910451
四川	5718223	5190779	1879839	527444	518166	224650	5481096
贵州	1261991	1175642	287262	86349	85227	59824	1182448
云南	2101472	1903115	359672	198356	193468	42625	2048506
西藏	11538	11232	3935	306	306	449	11089
陕西	3765593	3456540	1305654	309053	302082	341445	3420920
甘肃	782290	627961	162322	154329	151487	59717	720320
青海	151826	135336	36602	16491	15164	2752	149074
宁夏	668838	625122	110929	43716	41018	38078	630675
新疆	811001	774157	156154	36844	33743	21189	788846

2-4-1-12 各地区大型工业企业R&D经费内部支出情况

单位：万元

地区	R&D经费内部支出	日常性支出	#人员劳务费	资产性支出	#仪器和设备	#政府资金	#企业资金
全国	**100793209**	**93187363**	**33518554**	**7605846**	**7434841**	**2490923**	**98030259**
东部地区	65768744	60909014	23475742	4859730	4774180	1074961	64522012
中部地区	18628057	17228633	5518787	1399424	1355801	585876	17991160
西部地区	12639460	11504880	3558963	1134580	1107095	699803	11899979
东北地区	3756948	3544836	965062	212112	197765	130284	3617109
北京	2229511	2021110	906552	208401	203667	182568	2013950
天津	1508488	1385548	416394	122940	120299	26596	1426340
河北	4055716	3954048	908726	101668	90530	12978	4041362
山西	1496900	1436736	352923	60164	58869	68584	1427475
内蒙古	1218775	1132158	229419	86617	85971	63251	1155524
辽宁	2160049	2060653	470898	99396	98681	49717	2101206
吉林	860653	767230	224206	93422	81061	9632	850625
黑龙江	736246	716953	269958	19293	18023	70935	665278
上海	4569895	3830465	1551298	739430	733280	126720	4406590
江苏	11801149	11094897	4085646	706252	690513	64240	11705234
浙江	6558287	6168402	2400289	389885	384434	59575	6496157
安徽	4362723	3917024	1328193	445700	439248	76202	4240551
福建	4254477	3793609	1594565	460868	454535	108174	4144872
江西	1894058	1741426	482140	152633	150437	83482	1810428
山东	8259561	7730137	2092815	529425	515494	86601	8172827
河南	4256630	4047225	1205052	209405	205183	40530	4215075
湖北	3913207	3548982	1254423	364225	358540	219074	3693617
湖南	2704539	2537241	896057	167298	143524	98005	2604014
广东	22451774	20856460	9498819	1595313	1576047	407280	22035022
广西	855394	806896	236799	48498	43759	21336	834026
海南	79886	74339	20640	5547	5381	229	79657
重庆	2316389	2154418	731586	161971	159357	39390	2273570
四川	2887891	2566868	938112	321022	316378	154656	2727142
贵州	536815	507019	106761	29796	29219	24641	496490
云南	1019173	927623	171890	91549	89314	9023	1000120
西藏	2914	2608	764	306	306		2914
陕西	2373409	2162683	854792	210726	205461	322810	2048485
甘肃	522326	380768	102179	141558	139208	49361	471320
青海	78921	75830	23149	3092	2008	1087	77835
宁夏	252659	233132	41903	19527	18890	4679	247980
新疆	574797	554879	121610	19918	17225	9570	564573

2-4-1-13 各地区中型工业企业R&D经费内部支出情况

单位：万元

地区	R&D经费内部支出	日常性支出	#人员劳务费	资产性支出	#仪器和设备	#政府资金	#企业资金
全国	**48665543**	**45095643**	**15573902**	**3569900**	**3483077**	**813072**	**47715257**
东部地区	32089667	29826631	11076017	2263036	2202904	455157	31520936
中部地区	9880436	9103337	2746960	777099	759237	154799	9715910
西部地区	5633316	5166444	1451229	466872	458674	152272	5472744
东北地区	1062124	999231	299696	62893	62261	50843	1005667
北京	1308990	1205827	582201	103163	102228	106577	1170410
天津	742451	690913	300153	51539	50869	7655	734483
河北	1304664	1243851	284427	60813	59838	12971	1290257
山西	430927	419681	105300	11247	11197	6633	424080
内蒙古	488871	418998	73017	69873	69422	8207	480462
辽宁	863380	816788	229478	46592	46161	37301	820894
吉林	88195	79475	25136	8719	8587	1859	85955
黑龙江	110549	102968	45082	7581	7513	11684	98819
上海	1751353	1690212	878752	61140	60239	33028	1709075
江苏	8900405	8068678	3026416	831728	813331	97762	8760860
浙江	5439858	5090071	1801782	349787	342529	55280	5380208
安徽	2022698	1815633	597066	207065	203742	55541	1965088
福建	2196000	2066461	843667	129539	124644	17217	2170679
江西	1164142	1059935	294542	104206	102747	21946	1142009
山东	4470324	4205819	1056886	264505	258634	57707	4401859
河南	2173190	1984537	587639	188653	186612	18578	2151885
湖北	2032323	1884791	573218	147532	144229	25770	2002022
湖南	2057156	1938760	589196	118396	110710	26330	2030826
广东	5909774	5503161	2293322	406613	386618	65530	5839183
广西	359543	331748	87005	27796	27200	10576	348967
海南	65847	61638	8411	4209	3976	1430	63922
重庆	1336270	1261154	352205	75117	73547	15145	1315818
四川	1361908	1253768	452022	108139	106664	43783	1316648
贵州	398678	362515	105611	36163	35772	18951	379066
云南	524789	458511	84588	66278	65041	21015	503534
西藏	6998	6998	2442			416	6582
陕西	687648	639247	208637	48401	47868	8529	678910
甘肃	115700	110792	27891	4908	4792	4108	111509
青海	52418	39554	9352	12864	12623	773	51646
宁夏	207836	197296	33548	10540	9001	17460	190291
新疆	92658	85864	14910	6794	6744	3309	89312

2-4-1-14　各地区国有控股工业企业R&D经费内部支出情况

单位：万元

地　区	R&D经费内部支出	日常性支出	#人员劳务费	资产性支出	#仪器和设备	#政府资金	#企业资金
全　国	**48545195**	**44527639**	**14344822**	**4017556**	**3909937**	**2315156**	**46149106**
东部地区	23011594	21039069	6910838	1972525	1928898	838301	22149526
中部地区	11609010	10653295	3617276	955715	930000	530507	11066160
西部地区	10674370	9770036	2944396	904334	879827	789388	9848086
东北地区	3250221	3065239	872313	184982	171212	156960	3085335
北　京	1751686	1674769	697516	76917	73048	261444	1484796
天　津	1016075	927779	303286	88296	86359	27291	988681
河　北	1756069	1667695	350612	88374	87402	18122	1736408
山　西	1141709	1085509	335389	56200	54900	75758	1064940
内蒙古	763203	723485	153379	39719	39169	55505	707496
辽　宁	1640225	1569858	370971	70367	69557	56591	1575939
吉　林	812522	722831	204602	89692	78082	11073	801327
黑龙江	797474	772551	296740	24924	23573	89296	708069
上　海	3201480	2534064	839820	667416	663506	145338	3052751
江　苏	2917592	2660208	999710	257384	251985	62628	2852504
浙　江	1092277	1005211	322109	87066	84918	10381	1079277
安　徽	1846786	1622813	603837	223973	220287	63549	1781292
福　建	1405995	1349119	468428	56876	53680	83269	1321365
江　西	779275	689373	216383	89902	88990	79428	699847
山　东	4280879	3947411	1311261	333468	319475	97085	4180744
河　南	2871346	2701604	793431	169743	167023	45259	2823278
湖　北	2939461	2670887	1045460	268574	262276	153130	2780885
湖　南	2030433	1883110	622776	147323	136524	113383	1915917
广　东	5548604	5234498	1604582	314107	305959	131330	5413953
广　西	691512	640530	202740	50982	45943	18350	673162
海　南	40937	38316	13514	2621	2566	1412	39048
重　庆	1845518	1758391	557919	87127	85629	63573	1776049
四　川	2511932	2255262	823137	256670	252346	176934	2328744
贵　州	689442	626999	158990	62443	61634	45583	624882
云　南	828823	794016	181102	34807	33844	23305	804778
西　藏	5498	5192	1250	306	306	73	5425
陕　西	2152741	1964179	598380	188562	182915	330331	1820193
甘　肃	568825	427172	90316	141653	139112	54024	513074
青　海	70761	68630	22661	2131	2007	2172	68589
宁　夏	140133	119413	30299	20720	20456	9665	130383
新　疆	405981	386768	124223	19214	16467	9872	395313

2-4-1-15 各地区内资工业企业R&D经费内部支出情况

单位：万元

地区	R&D经费内部支出	日常性支出	#人员劳务费	资产性支出	#仪器和设备	#政府资金	#企业资金
全国	**172123465**	**159065089**	**52335807**	**13058376**	**12763861**	**3664947**	**168200852**
东部地区	105530449	97622600	34863463	7907848	7749835	1664127	103702925
中部地区	40047367	36952286	10351341	3095081	3014012	862121	39156878
西部地区	21747089	19927842	5809066	1819247	1776537	943064	20747643
东北地区	4798561	4562360	1311937	236200	223477	195635	4593407
北京	3062922	2894730	1311942	168193	165411	302090	2714219
天津	2456371	2285945	774585	170426	167208	31717	2385572
河北	5481083	5267606	973835	213477	199814	40233	5437188
山西	2135557	2060125	507153	75433	73880	78322	2055610
内蒙古	1780346	1622560	316089	157785	156701	74279	1705865
辽宁	3139121	2994183	755389	144938	143726	82725	3047199
吉林	616875	558750	180577	58125	48040	15200	601552
黑龙江	1042564	1009427	375972	33137	31710	97711	944656
上海	5086900	4353830	1873899	733070	730841	149727	4926508
江苏	24554329	22420312	7876667	2134017	2089841	204359	24319524
浙江	14833420	13842154	4717391	991266	974866	157131	14667296
安徽	8454236	7564053	2342158	890183	875483	159270	8290355
福建	7340527	6753161	2547604	587367	576695	132746	7203688
江西	4158758	3813476	868750	345282	339311	127112	4031243
山东	16357462	15369180	3751081	988282	962373	182145	16162225
河南	8620575	8011449	2367514	609127	599808	71964	8541404
湖北	8063619	7348580	2164511	715038	697003	262918	7789990
湖南	8614622	8154604	2101254	460018	428527	162535	8448277
广东	26193875	24282640	11002689	1911235	1872664	460743	25726877
广西	1258077	1184343	307679	73734	68831	29883	1227764
海南	163560	153042	33771	10517	10121	3235	159829
重庆	4252005	3954279	1176692	297726	292791	57515	4186583
四川	5378433	4913501	1750580	464932	455909	220801	5146338
贵州	1226460	1142731	275124	83729	82618	58994	1147787
云南	2047425	1853018	343769	194407	189662	41132	1995953
西藏	11538	11232	3935	306	306	449	11089
陕西	3430265	3134107	1175137	296158	289214	340342	3086695
甘肃	778152	623823	161076	154329	151487	59517	716382
青海	151826	135336	36602	16491	15164	2752	149074
宁夏	649500	606676	106866	42825	40128	36724	612692
新疆	783064	746239	155518	36825	33726	20677	761421

2-4-1-16 各地区港澳台商投资工业企业R&D经费内部支出情况

单位：万元

地　区	R&D经费内部支出	日常性支出	#人员劳务费	资产性支出	#仪器和设备	#政府资金	#企业资金
全　国	**18361276**	**17226377**	**6952340**	**1134899**	**1097262**	**132919**	**18114544**
东部地区	15311731	14384407	5991371	927324	907071	84999	15159000
中部地区	1848117	1728288	619427	119830	104045	37518	1764998
西部地区	863425	784180	244391	79245	78256	6930	856432
东北地区	338003	329502	97150	8500	7890	3473	334114
北　京	733565	601849	324381	131716	130984	5364	726328
天　津	159848	149549	76773	10299	9279	1583	144686
河　北	1062412	1051623	377245	10789	10402	1119	1061293
山　西	6678	6606	3894	72	72		6678
内蒙古	88457	81390	17563	7067	6943	275	88182
辽　宁	305633	300724	87223	4909	4717	1745	303547
吉　林	17352	13765	3146	3587	3169		17352
黑龙江	15017	15014	6781	4	4	1728	13214
上　海	817473	782112	424531	35361	30881	5176	811076
江　苏	4010110	3700271	1460570	309839	304772	13532	3958057
浙　江	1864632	1778988	785676	85644	84315	15548	1849084
安　徽	398162	378660	147959	19502	19161	5444	347117
福　建	1228565	1141602	506697	86962	85623	8068	1218396
江　西	306960	289002	50145	17959	17397	1150	305810
山　东	1062424	992330	269379	70094	69451	8859	1053448
河　南	188215	181643	65254	6572	6524	1869	186346
湖　北	389264	362205	141747	27059	26288	607	388657
湖　南	558839	510172	210428	48667	34603	28448	530390
广　东	4356073	4169525	1765152	186548	181334	25749	4320003
广　西	32358	31814	10237	543	543	449	31908
海　南	16630	16559	968	71	30		16630
重　庆	402140	395451	112007	6689	6114	133	402007
四　川	224135	165340	72565	58795	58649	2485	221587
贵　州	20641	19163	7035	1478	1467	393	20249
云　南	38603	35281	10681	3322	3193	1393	37210
西　藏							
陕　西	42413	41303	11651	1110	1109	622	41791
甘　肃	3819	3819	1072			200	3619
青　海							
宁　夏	9425	9198	1184	227	226	469	8956
新　疆	1434	1420	399	14	13	511	922

2-4-1-17 各地区外商投资工业企业R&D经费内部支出情况

单位：万元

地区	R&D经费内部支出	日常性支出	#人员劳务费	资产性支出	#仪器和设备	#政府资金	#企业资金
全国	**19214256**	**18136401**	**7283988**	**1077855**	**1051081**	**218922**	**18851040**
东部地区	15289356	14442111	5889890	847245	825750	149737	15006853
中部地区	1909297	1806046	740730	103251	101334	17248	1891314
西部地区	1132937	1081446	411159	51492	50438	34253	1094356
东北地区	882665	806798	242209	75867	73559	17683	858518
北京	613531	579851	271771	33680	31326	9205	580094
天津	343727	316947	133695	26780	26693	6307	333446
河北	491536	476720	143559	14816	14588	1665	489871
山西	33650	28633	9729	5017	5017	255	33395
内蒙古	50941	47271	7632	3671	3617	3764	47178
辽宁	477496	447036	148378	30459	30294	17581	454105
吉林	402540	357147	92735	45393	43251	103	401783
黑龙江	2630	2615	1096	15	15		2630
上海	2205964	2098705	1023409	107259	105670	32369	2130344
江苏	4452495	4187551	1946148	264945	255362	8272	4409056
浙江	1577709	1492762	653076	84946	83783	16646	1556825
安徽	417249	388163	182869	29086	28618	8978	408143
福建	603809	557347	282628	46462	44007	8888	586917
江西	375000	359907	137839	15093	14896	3066	371935
山东	1273513	1193547	370565	79967	79039	9773	1252764
河南	333642	314387	122258	19255	18904	543	333099
湖北	503383	483012	215063	20371	19956	3071	499704
湖南	246373	231943	72972	14430	13944	1335	245038
广东	3716419	3531223	1064122	185196	182086	56573	3656923
广西	261462	248754	86478	12707	11996	7353	254109
海南	10654	7460	918	3195	3195	40	10614
重庆	344896	327723	127874	17173	17034	19868	321860
四川	115655	111938	56694	3717	3609	1364	113171
贵州	14890	13749	5103	1142	1141	438	14412
云南	15444	14817	5222	627	613	101	15343
西藏							
陕西	292915	281129	118867	11785	11759	481	292433
甘肃	319	319	174				319
青海							
宁夏	9913	9249	2880	664	664	885	9028
新疆	26503	26498	237	5	5		26503

2-4-2-1 分登记注册统计类别工业企业R&D经费外部支出情况

单位：万元

登记注册统计类别	R&D经费外部支出	#对境内研究机构支出	#对境内高等学校支出
合 计	**14066973**	**3823798**	**814995**
内资企业	**11556143**	**3546961**	**740888**
有限责任公司	9065298	3057205	505894
股份有限公司	2382335	472966	209488
非公司企业法人	103116	15361	25117
个人独资企业	4668	1221	385
合伙企业	726	208	5
港澳台商投资	**925746**	**142613**	**29496**
港澳台投资有限责任公司	638051	75461	14773
港澳台投资股份有限公司	182972	44552	10305
港澳台投资合伙企业	62973	59	539
其他港澳台投资企业	41751	22541	3879
外商投资	**1585083**	**134225**	**44611**
外商投资有限责任公司	1300171	80385	33107
外商投资股份有限公司	233045	52297	8871
外商投资合伙企业	21013	291	394
其他外商投资企业	30854	1252	2240

2-4-2-2　分登记注册统计类别大型工业企业R&D经费外部支出情况

单位：万元

登记注册统计类别	R&D经费外部支出	#对境内研究机构支出	#对境内高等学校支出
合　计	**9434446**	**3002183**	**453518**
内资企业	**7817935**	**2795269**	**405447**
有限责任公司	6168868	2453508	259947
股份有限公司	1561254	327179	121739
非公司企业法人	87813	14583	23761
个人独资企业			
合伙企业			
港澳台商投资	**521379**	**115483**	**16342**
港澳台投资有限责任公司	329095	52798	6047
港澳台投资股份有限公司	94840	40139	6181
港澳台投资合伙企业	62491	6	314
其他港澳台投资企业	34953	22541	3800
外商投资	**1095132**	**91431**	**31729**
外商投资有限责任公司	966668	53702	24754
外商投资股份有限公司	114978	37684	4767
外商投资合伙企业	10	10	
其他外商投资企业	13476	34	2209

2-4-2-3　分登记注册统计类别中型工业企业R&D经费外部支出情况

单位：万元

登记注册统计类别	R&D经费外部支出	#对境内研究机构支出	#对境内高等学校支出
合　计	**2685444**	**466314**	**150861**
内资企业	**2154611**	**427679**	**137429**
有限责任公司	1561460	318111	86658
股份有限公司	580615	108764	49581
非公司企业法人	11395	523	1006
个人独资企业	492	77	185
合伙企业	649	205	
港澳台商投资	**260217**	**17302**	**6305**
港澳台投资有限责任公司	200936	13534	4423
港澳台投资股份有限公司	54149	3716	1819
港澳台投资合伙企业	233	53	12
其他港澳台投资企业	4898		51
外商投资	**270616**	**21333**	**7127**
外商投资有限责任公司	197823	16045	4088
外商投资股份有限公司	61316	3819	2626
外商投资合伙企业	7806	280	386
其他外商投资企业	3671	1188	27

2-4-2-4　分行业工业企业R&D经费外部支出情况

单位：万元

行　业	R&D经费外部支出	#对境内研究机构支出	#对境内高等学校支出
合　计	**14066973**	**3823798**	**814995**
采矿业	**416872**	**73079**	**114989**
煤炭开采和洗选业	156675	30206	36292
石油和天然气开采业	188795	28196	54071
黑色金属矿采选业	20694	6429	8272
有色金属矿采选业	19986	5202	5469
非金属矿采选业	4982	1730	1112
开采及其他辅助性活动	25740	1316	9772
制造业	**12851603**	**3542723**	**577937**
农副食品加工业	22070	6547	6801
食品制造业	80265	17849	20115
酒、饮料和精制茶制造业	23629	5675	8922
烟草制品业	57555	14311	14268
纺织业	21718	3039	8053
纺织服装、服饰业	9567	2318	1518
皮革、毛皮、羽毛及其制品和制鞋业	10837	3008	2084
木材加工和木、竹、藤、棕、草制品业	3622	956	730
家具制造业	27466	917	1274
造纸和纸制品业	7728	1443	2303
印刷和记录媒介复制业	7759	665	1628
文教、工美、体育和娱乐用品制造业	10780	1318	2330
石油加工、炼焦和核燃料加工业	48482	10117	12174
化学原料和化学制品制造业	291635	60325	58610
医药制造业	1545701	410448	52831
化学纤维制造业	10961	2406	4571
橡胶和塑料制品业	123089	13903	13619
非金属矿物制品业	67443	14542	15342
黑色金属冶炼和压延加工业	112829	32531	18463
有色金属冶炼和压延加工业	106298	44419	20884
金属制品业	56789	11070	9712
通用设备制造业	369347	58084	46605
专用设备制造业	361490	33288	39152
汽车制造业	2793104	502555	22466
铁路、船舶、航空航天和其他运输设备制造业	695354	214997	32034
电气机械和器材制造业	929517	119195	52980
计算机、通信和其他电子设备制造业	4808748	1902418	79522
仪器仪表制造业	168132	22756	17265
其他制造业	61859	25245	9108
废弃资源综合利用业	12578	4674	1994
金属制品、机械和设备修理业	5254	1705	580
电力、热力、燃气及水生产和供应业	**798498**	**207996**	**122069**
电力、热力生产和供应业	770837	204946	119360
燃气生产和供应业	19246	2392	478
水的生产和供应业	8415	659	2231

2-4-2-5　分行业大型工业企业R&D经费外部支出情况

单位：万元

行　业	R&D经费外部支出	#对境内研究机构支出	#对境内高等学校支出
合　计	**9434446**	**3002183**	**453518**
采矿业	**359787**	**66132**	**101706**
煤炭开采和洗选业	138387	27899	31150
石油和天然气开采业	172998	27370	51948
黑色金属矿采选业	15863	5832	6695
有色金属矿采选业	6736	2729	2081
非金属矿采选业	1876	987	338
开采及其他辅助性活动	23926	1316	9496
制造业	**8490087**	**2792498**	**237825**
农副食品加工业	1644	858	732
食品制造业	42141	5342	6643
酒、饮料和精制茶制造业	13392	3626	6858
烟草制品业	54230	13465	13637
纺织业	6408	715	3621
纺织服装、服饰业	3821	1026	276
皮革、毛皮、羽毛及其制品和制鞋业	7579	2026	1665
木材加工和木、竹、藤、棕、草制品业	11		
家具制造业	22068	566	66
造纸和纸制品业	2114	136	1217
印刷和记录媒介复制业	856		146
文教、工美、体育和娱乐用品制造业	3725	475	237
石油加工、炼焦和核燃料加工业	36917	8209	10455
化学原料和化学制品制造业	82446	20760	16732
医药制造业	551162	123793	14239
化学纤维制造业	4602	1164	1365
橡胶和塑料制品业	55331	4952	1915
非金属矿物制品业	17132	4767	2010
黑色金属冶炼和压延加工业	99748	31274	16467
有色金属冶炼和压延加工业	74932	29515	13177
金属制品业	12345	4359	1440
通用设备制造业	162058	33908	15213
专用设备制造业	92534	7421	7265
汽车制造业	2196747	474006	11552
铁路、船舶、航空航天和其他运输设备制造业	321018	95144	18905
电气机械和器材制造业	623248	91208	17385
计算机、通信和其他电子设备制造业	3891369	1800234	44094
仪器仪表制造业	55668	7775	3109
其他制造业	49886	23933	6482
废弃资源综合利用业	1416	501	557
金属制品、机械和设备修理业	3542	1341	371
电力、热力、燃气及水生产和供应业	**584572**	**143553**	**113987**
电力、热力生产和供应业	578285	142737	112847
燃气生产和供应业	1717	786	331
水的生产和供应业	4570	31	809

2-4-2-6　分行业中型工业企业R&D经费外部支出情况

单位：万元

行　　业	R&D经费外部支出	#对境内研究机构支出	#对境内高等学校支出
合　计	**2685444**	**466314**	**150861**
采矿业	**32552**	**4462**	**8729**
煤炭开采和洗选业	15576	2131	4768
石油和天然气开采业	1456	18	374
黑色金属矿采选业	4361	563	1532
有色金属矿采选业	8913	1404	1772
非金属矿采选业	496	344	42
开采及其他辅助性活动	1750	1	241
制造业	**2527135**	**438049**	**138046**
农副食品加工业	9762	2894	2250
食品制造业	19398	6911	6584
酒、饮料和精制茶制造业	5627	1240	989
烟草制品业	2112	382	202
纺织业	8497	734	1875
纺织服装、服饰业	4668	859	892
皮革、毛皮、羽毛及其制品和制鞋业	2171	263	157
木材加工和木、竹、藤、棕、草制品业	415	133	39
家具制造业	3579	31	931
造纸和纸制品业	1783	645	529
印刷和记录媒介复制业	4975	224	934
文教、工美、体育和娱乐用品制造业	2126	188	806
石油加工、炼焦和核燃料加工业	3349	1407	238
化学原料和化学制品制造业	90569	18507	16538
医药制造业	618026	178405	21400
化学纤维制造业	1082	151	564
橡胶和塑料制品业	26051	5642	2421
非金属矿物制品业	17057	2704	3475
黑色金属冶炼和压延加工业	7031	379	1121
有色金属冶炼和压延加工业	12740	6548	3653
金属制品业	11968	2271	3064
通用设备制造业	104327	11019	14678
专用设备制造业	142669	10552	9640
汽车制造业	455936	15529	3902
铁路、船舶、航空航天和其他运输设备制造业	334179	114917	9394
电气机械和器材制造业	182246	11337	15718
计算机、通信和其他电子设备制造业	410974	35153	9846
仪器仪表制造业	36858	7874	3818
其他制造业	5392	139	2144
废弃资源综合利用业	1166	757	212
金属制品、机械和设备修理业	405	253	32
电力、热力、燃气及水生产和供应业	**125757**	**23804**	**4086**
电力、热力生产和供应业	120562	22778	3092
燃气生产和供应业	3753	797	93
水的生产和供应业	1442	229	902

2-4-2-7 分行业国有控股工业企业R&D经费外部支出情况

单位：万元

行　业	R&D经费外部支出	#对境内研究机构支出	#对境内高等学校支出
合　计	**4203599**	**1106312**	**438895**
采矿业	**382839**	**70255**	**103268**
煤炭开采和洗选业	149806	29499	33600
石油和天然气开采业	168636	27914	46682
黑色金属矿采选业	17870	5656	7965
有色金属矿采选业	17594	4876	4770
非金属矿采选业	3290	995	529
开采及其他辅助性活动	25643	1316	9722
制造业	**3032832**	**831097**	**215223**
农副食品加工业	2728	274	1147
食品制造业	9407	4041	3997
酒、饮料和精制茶制造业	11522	3324	6842
烟草制品业	56135	14290	14257
纺织业	345		252
纺织服装、服饰业	144	40	38
皮革、毛皮、羽毛及其制品和制鞋业	14		11
木材加工和木、竹、藤、棕、草制品业	411	113	6
家具制造业	19331		58
造纸和纸制品业	1886	192	1027
印刷和记录媒介复制业	1653	33	195
文教、工美、体育和娱乐用品制造业	296		
石油加工、炼焦和核燃料加工业	35793	8086	9892
化学原料和化学制品制造业	79506	22542	15004
医药制造业	211293	81064	10581
化学纤维制造业	5112	1013	1958
橡胶和塑料制品业	5051	914	1291
非金属矿物制品业	6336	1393	1728
黑色金属冶炼和压延加工业	71464	24542	13437
有色金属冶炼和压延加工业	81381	30733	13503
金属制品业	15732	5045	2117
通用设备制造业	139105	17873	19210
专用设备制造业	38041	4163	7850
汽车制造业	957293	348925	7731
铁路、船舶、航空航天和其他运输设备制造业	580490	207029	28683
电气机械和器材制造业	110430	7277	15219
计算机、通信和其他电子设备制造业	495940	19406	27000
仪器仪表制造业	41452	1398	3634
其他制造业	48335	24877	8002
废弃资源综合利用业	2139	1169	112
金属制品、机械和设备修理业	4071	1341	441
电力、热力、燃气及水生产和供应业	**787928**	**204960**	**120404**
电力、热力生产和供应业	763362	202667	117957
燃气生产和供应业	16948	1810	429
水的生产和供应业	7618	483	2019

2-4-2-8　分行业内资工业企业R&D经费外部支出情况

单位：万元

行　　业	R&D经费外部支出	#对境内研究机构支出	#对境内高等学校支出
合　计	**11556143**	**3546961**	**740888**
采矿业	**390863**	**72383**	**106683**
煤炭开采和洗选业	148805	29681	34203
石油和天然气开采业	171349	28027	48206
黑色金属矿采选业	20674	6426	8254
有色金属矿采选业	19548	5202	5260
非金属矿采选业	4762	1730	1002
开采及其他辅助性活动	25725	1316	9758
制造业	**10436858**	**3290110**	**513309**
农副食品加工业	17668	5486	6506
食品制造业	58021	15872	15545
酒、饮料和精制茶制造业	21413	5251	8770
烟草制品业	57555	14311	14268
纺织业	10863	2571	4638
纺织服装、服饰业	7356	1024	1374
皮革、毛皮、羽毛及其制品和制鞋业	7143	2161	1975
木材加工和木、竹、藤、棕、草制品业	3323	843	705
家具制造业	27354	917	1202
造纸和纸制品业	7048	1428	1931
印刷和记录媒介复制业	7129	660	1397
文教、工美、体育和娱乐用品制造业	7549	1293	2068
石油加工、炼焦和核燃料加工业	38528	8878	10758
化学原料和化学制品制造业	256497	53985	55324
医药制造业	1259595	365449	47129
化学纤维制造业	10230	2369	4216
橡胶和塑料制品业	56696	6457	12785
非金属矿物制品业	58004	10764	14093
黑色金属冶炼和压延加工业	106120	29308	17544
有色金属冶炼和压延加工业	104376	43611	20019
金属制品业	53874	11037	9033
通用设备制造业	257128	37731	42271
专用设备制造业	249390	30029	36183
汽车制造业	2015700	422203	19243
铁路、船舶、航空航天和其他运输设备制造业	650385	210571	31208
电气机械和器材制造业	770062	90756	48019
计算机、通信和其他电子设备制造业	4121282	1869053	56976
仪器仪表制造业	126285	15106	16803
其他制造业	53192	25227	8769
废弃资源综合利用业	11938	4054	1978
金属制品、机械和设备修理业	5155	1705	580
电力、热力、燃气及水生产和供应业	**728422**	**184468**	**120896**
电力、热力生产和供应业	704689	182243	118395
燃气生产和供应业	15918	1638	439
水的生产和供应业	7816	588	2062

2-4-2-9　分行业港澳台商投资工业企业R&D经费外部支出情况

单位：万元

行　业	R&D经费外部支出	#对境内研究机构支出	#对境内高等学校支出
合　计	**925746**	**142613**	**29496**
采矿业	**18879**	**648**	**5887**
煤炭开采和洗选业	7806	512	2079
石油和天然气开采业	11022	134	3800
黑色金属矿采选业	3	3	
有色金属矿采选业	49		8
制造业	**846281**	**119342**	**22601**
农副食品加工业	2650	915	89
食品制造业	6912	1469	2816
酒、饮料和精制茶制造业	695	19	86
烟草制品业			
纺织业	9623	15	3117
纺织服装、服饰业	773		143
皮革、毛皮、羽毛及其制品和制鞋业	3283	612	91
木材加工和木、竹、藤、棕、草制品业	273	113	
家具制造业	59		59
造纸和纸制品业	268	14	239
印刷和记录媒介复制业	619	5	219
文教、工美、体育和娱乐用品制造业	2583	25	253
石油加工、炼焦和核燃料加工业	3493	1239	1319
化学原料和化学制品制造业	15377	3737	1876
医药制造业	225563	27932	2465
化学纤维制造业	639	37	274
橡胶和塑料制品业	2687	532	476
非金属矿物制品业	7669	3769	994
黑色金属冶炼和压延加工业	4134	2352	249
有色金属冶炼和压延加工业	644		620
金属制品业	1774	33	340
通用设备制造业	33342	9030	716
专用设备制造业	58020	1435	1398
汽车制造业	91700	26346	412
铁路、船舶、航空航天和其他运输设备制造业	23316	403	175
电气机械和器材制造业	93204	13559	1264
计算机、通信和其他电子设备制造业	247175	23023	2569
仪器仪表制造业	9268	2709	229
其他制造业	445	19	98
废弃资源综合利用业	20		16
金属制品、机械和设备修理业	75		
电力、热力、燃气及水生产和供应业	**60586**	**22622**	**1009**
电力、热力生产和供应业	60115	22441	965
燃气生产和供应业	331	111	13
水的生产和供应业	140	71	31

2-4-2-10　分行业外商投资工业企业R&D经费外部支出情况

单位：万元

行　　业	R&D经费外部支出	#对境内研究机构支出	#对境内高等学校支出
合　计	**1585083**	**134225**	**44611**
采矿业	**7130**	**48**	**2419**
煤炭开采和洗选业	65	13	10
石油和天然气开采业	6424	34	2065
黑色金属矿采选业	18		18
有色金属矿采选业	389		202
非金属矿采选业	220		110
开采及其他辅助性活动	15		15
制造业	**1568464**	**133272**	**42028**
农副食品加工业	1752	147	206
食品制造业	15332	508	1754
酒、饮料和精制茶制造业	1521	404	65
烟草制品业			
纺织业	1232	452	298
纺织服装、服饰业	1438	1294	
皮革、毛皮、羽毛及其制品和制鞋业	411	236	17
木材加工和木、竹、藤、棕、草制品业	25		25
家具制造业	53		13
造纸和纸制品业	412		133
印刷和记录媒介复制业	12		12
文教、工美、体育和娱乐用品制造业	649		9
石油加工、炼焦和核燃料加工业	6461		97
化学原料和化学制品制造业	19761	2603	1411
医药制造业	60542	17068	3237
化学纤维制造业	93		81
橡胶和塑料制品业	63706	6913	359
非金属矿物制品业	1770	9	256
黑色金属冶炼和压延加工业	2575	871	671
有色金属冶炼和压延加工业	1278	808	245
金属制品业	1141		339
通用设备制造业	78878	11323	3619
专用设备制造业	54080	1824	1571
汽车制造业	685704	54007	2811
铁路、船舶、航空航天和其他运输设备制造业	21653	4022	651
电气机械和器材制造业	66251	14880	3697
计算机、通信和其他电子设备制造业	440291	10341	19977
仪器仪表制造业	32578	4942	233
其他制造业	8222		241
废弃资源综合利用业	620	620	
金属制品、机械和设备修理业	25		
电力、热力、燃气及水生产和供应业	**9490**	**906**	**164**
电力、热力生产和供应业	6033	263	
燃气生产和供应业	2997	643	26
水的生产和供应业	459		138

2-4-2-11 各地区工业企业R&D经费外部支出情况

单位：万元

地区	R&D经费外部支出	#对境内研究机构支出	#对境内高等学校支出
全国	**14066973**	**3823798**	**814995**
东部地区	9674794	3090504	453061
中部地区	2218638	346614	160275
西部地区	1633792	320765	155638
东北地区	539749	65915	46022
北京	482587	134887	9539
天津	229183	20822	14075
河北	203916	47079	17093
山西	122661	27220	17071
内蒙古	126892	43959	18195
辽宁	228504	42919	26393
吉林	241477	14814	7056
黑龙江	69768	8183	12574
上海	795948	69000	27073
江苏	1466623	173670	118584
浙江	993215	203168	71640
安徽	674620	51958	37427
福建	299545	37571	19364
江西	162143	49659	8466
山东	647497	145278	61857
河南	218888	36407	26972
湖北	572457	123300	35157
湖南	467870	58070	35182
广东	4472713	2218261	109541
广西	103561	14262	3317
海南	83568	40769	4296
重庆	292233	25922	12786
四川	333683	45927	32921
贵州	119072	29111	5023
云南	110844	42089	12358
西藏	1261	1021	240
陕西	357799	76698	38200
甘肃	33417	7307	5314
青海	13629	3555	1899
宁夏	46712	10342	5532
新疆	94690	20573	19855

2-4-2-12 各地区大型工业企业R&D经费外部支出情况

单位：万元

地 区	R&D经费外部支出	#对境内研究机构支出	#对境内高等学校支出
全 国	**9434446**	**3002183**	**453518**
东部地区	6454721	2530266	225848
中部地区	1396555	201846	73466
西部地区	1175913	227832	118956
东北地区	407257	42239	35249
北 京	134237	5258	1757
天 津	161826	5088	8776
河 北	127006	31499	9625
山 西	74280	17758	15238
内蒙古	104024	39370	12175
辽 宁	148409	30896	21246
吉 林	220095	7380	5917
黑龙江	38753	3963	8086
上 海	460435	32434	17057
江 苏	664176	93633	39310
浙 江	545147	126975	16751
安 徽	469823	21621	18901
福 建	116157	21285	6026
江 西	72790	28979	3768
山 东	408435	87323	36376
河 南	91579	18874	11220
湖 北	337102	89361	15007
湖 南	350981	25252	9332
广 东	3815374	2126049	86369
广 西	89911	9253	1938
海 南	21929	722	3802
重 庆	209460	16886	9511
四 川	171305	27243	24007
贵 州	99235	27129	3715
云 南	50783	12327	9210
西 藏	231		231
陕 西	301034	69117	29071
甘 肃	23099	3747	4745
青 海	4899	2386	885
宁 夏	40492	6280	4673
新 疆	81440	14096	18796

2-4-2-13 各地区中型工业企业R&D经费外部支出情况

单位：万元

地 区	R&D经费外部支出	#对境内研究机构支出	#对境内高等学校支出
全 国	**2685444**	**466314**	**150861**
东部地区	1952586	350076	93375
中部地区	418390	62992	32498
西部地区	233726	39199	19424
东北地区	80743	14047	5564
北 京	283064	126553	5733
天 津	27547	3408	1060
河 北	29123	8066	3407
山 西	30428	4285	831
内蒙古	13536	3691	4890
辽 宁	50197	6744	1887
吉 林	14465	5252	798
黑龙江	16080	2052	2880
上 海	258836	18917	5306
江 苏	411968	31867	25220
浙 江	252373	24047	25240
安 徽	104350	16651	7938
福 建	117153	9168	7130
江 西	57033	7016	2359
山 东	129845	32284	11897
河 南	61850	10551	4834
湖 北	113219	12915	7602
湖 南	51509	11575	8934
广 东	403741	63443	8267
广 西	8786	3408	627
海 南	38936	32323	116
重 庆	50642	5365	1477
四 川	81207	10705	3986
贵 州	8323	812	316
云 南	20938	3431	2064
西 藏	922	913	9
陕 西	27728	3147	3950
甘 肃	6138	2411	186
青 海	7270	1111	1014
宁 夏	4887	3502	573
新 疆	3351	704	333

2-4-2-14 各地区国有控股工业企业R&D经费外部支出情况

单位：万元

地区	R&D经费外部支出	#对境内研究机构支出	#对境内高等学校支出
全国	**4203599**	**1106312**	**438895**
东部地区	2215836	665306	198766
中部地区	799429	181615	76931
西部地区	935133	224752	127164
东北地区	253201	34640	36035
北京	235490	112554	8099
天津	102858	7256	8800
河北	56017	28895	8311
山西	87313	20080	15569
内蒙古	87266	39503	12918
辽宁	114952	25817	19444
吉林	97022	4732	6260
黑龙江	41227	4091	10331
上海	427792	36297	17718
江苏	237246	21522	35855
浙江	120695	56237	12319
安徽	172606	19239	16449
福建	96586	8853	5644
江西	51724	24376	2573
山东	221134	44680	32072
河南	65358	19434	14185
湖北	323305	73575	16350
湖南	99124	24911	11805
广东	699595	344371	66183
广西	80564	4449	1742
海南	18423	4642	3764
重庆	174358	14951	11049
四川	157958	25976	24898
贵州	50653	24472	3941
云南	48851	10899	9551
西藏	70	62	9
陕西	179466	71131	33399
甘肃	25809	5958	4794
青海	5032	2500	899
宁夏	44279	9539	4842
新疆	80827	15311	19122

2-4-2-15　各地区内资工业企业R&D经费外部支出情况

单位：万元

地　　区	R&D经费外部支出	#对境内研究机构支出	#对境内高等学校支出
全　　国	**11556143**	**3546961**	**740888**
东部地区	7714969	2865492	392176
中部地区	1947376	312240	152902
西部地区	1560244	308380	152788
东北地区	333554	60849	43023
北　　京	427612	131712	9163
天　　津	200694	14635	12956
河　　北	185390	43924	16271
山　　西	122198	27179	17016
内 蒙 古	120834	43568	17215
辽　　宁	148236	41137	24338
吉　　林	124094	11858	7056
黑 龙 江	61225	7854	11629
上　　海	503404	41657	18970
江　　苏	790907	139055	108369
浙　　江	742257	169902	64070
安　　徽	591702	44865	34832
福　　建	261730	23612	18372
江　　西	125639	45994	7608
山　　东	488643	104021	57330
河　　南	178518	35962	26413
湖　　北	483073	100834	33350
湖　　南	446246	57406	33684
广　　东	4041976	2161322	82378
广　　西	94900	7368	2764
海　　南	72355	35653	4296
重　　庆	261356	25155	12539
四　　川	311483	43300	32617
贵　　州	117682	28379	4819
云　　南	109563	41769	12357
西　　藏	1261	1021	240
陕　　西	354765	76043	37669
甘　　肃	33405	7307	5314
青　　海	13629	3555	1899
宁　　夏	46675	10342	5500
新　　疆	94690	20573	19855

2-4-2-16 各地区港澳台商投资工业企业R&D经费外部支出情况

单位：万元

地区	R&D经费外部支出	#对境内研究机构支出	#对境内高等学校支出
全国	**925746**	**142613**	**29496**
东部地区	753661	118908	24019
中部地区	118391	19448	2838
西部地区	33352	3260	1020
东北地区	20343	997	1619
北京	19624	2931	37
天津	899		154
河北	8197	13	77
山西	311	16	10
内蒙古	1679	96	212
辽宁	10314	652	798
吉林	1609	16	
黑龙江	8420	329	820
上海	97048	7993	4562
江苏	249114	19140	4874
浙江	53482	1888	4884
安徽	35298	1713	199
福建	16595	1575	626
江西	4016	739	79
山东	125308	39485	3147
河南	4507	395	160
湖北	55501	16157	974
湖南	18757	428	1417
广东	177389	45884	5660
广西	597		326
海南	6004		
重庆	11623	219	226
四川	17056	2626	173
贵州	294	62	71
云南	484	258	
西藏			
陕西	1609		12
甘肃	12		
青海			
宁夏			
新疆			

2-4-2-17　各地区外商投资工业企业R&D经费外部支出情况

单位：万元

地　区	R&D经费外部支出	#对境内研究机构支出	#对境内高等学校支出
全　国	**1585083**	**134225**	**44611**
东部地区	1206165	106104	36866
中部地区	152871	14926	4535
西部地区	40196	9125	1830
东北地区	185852	4069	1380
北　京	35351	244	339
天　津	27590	6187	965
河　北	10329	3142	745
山　西	152	26	46
内蒙古	4379	296	768
辽　宁	69954	1130	1257
吉　林	115774	2939	
黑龙江	124		124
上　海	195497	19350	3542
江　苏	426601	15476	5341
浙　江	197475	31377	2686
安　徽	47620	5380	2396
福　建	21220	12384	366
江　西	32487	2927	779
山　东	33545	1772	1380
河　南	35863	50	399
湖　北	33882	6309	834
湖　南	2866	236	81
广　东	253347	11056	21503
广　西	8064	6894	227
海　南	5210	5117	
重　庆	19254	548	21
四　川	5145		131
贵　州	1096	671	132
云　南	796	62	
西　藏			
陕　西	1425	655	519
甘　肃			
青　海			
宁　夏	37		32
新　疆			

第二部分

工业企业研发活动情况

5

工业企业办研发机构情况

(2023)

2-5-1 分登记注册统计类别工业企业办研发机构情况

登记注册统计类别	机构数（个）	机构人员数（人）	#博士	#硕士	机构经费支出（万元）	仪器和设备原价（万元）
合计	**149068**	**4588805**	**54545**	**451970**	**196264429**	**151247545**
内资企业	**135986**	**3764045**	**46612**	**362433**	**157623471**	**124990142**
有限责任公司	118440	2812216	31624	219372	114148664	97794478
股份有限公司	16045	923908	14187	137835	42277802	26177827
非公司企业法人	467	18234	649	4563	893038	876894
个人独资企业	860	7543	135	443	238612	114686
合伙企业	171	2124	17	219	64685	26212
港澳台商投资	**6863**	**457177**	**4117**	**40502**	**18601002**	**12030921**
港澳台投资有限责任公司	5983	349860	2900	28828	13176183	9614684
港澳台投资股份有限公司	684	94021	1054	10326	4939723	2147714
港澳台投资合伙企业	122	7780	75	539	254025	159683
其他港澳台投资企业	74	5516	88	809	231071	108840
外商投资	**6219**	**367583**	**3816**	**49035**	**20039956**	**14226482**
外商投资有限责任公司	5400	281243	2198	32594	15153338	11665685
外商投资股份有限公司	684	71489	1504	13817	4216014	2234421
外商投资合伙企业	85	8607	29	617	352612	152436
其他外商投资企业	50	6244	85	2007	317993	173940

2-5-2 分登记注册统计类别大型工业企业办研发机构情况

登记注册统计类别	机构数（个）	机构人员数（人）	#博士	#硕士	机构经费支出（万元）	仪器和设备原价（万元）
合　计	**7798**	**1550277**	**19013**	**244809**	**92050298**	**56748858**
内资企业	**6023**	**1103462**	**14918**	**183889**	**67183650**	**42487146**
有限责任公司	3602	629691	7454	87533	40762865	28068197
股份有限公司	2333	463573	6943	92585	25840519	13866230
非公司企业法人	88	10198	521	3771	580266	552719
个人独资企业						
合伙企业						
港澳台商投资	**937**	**262708**	**2391**	**29286**	**12013042**	**6619769**
港澳台投资有限责任公司	713	187329	1611	21118	7942836	5107080
港澳台投资股份有限公司	193	68036	660	7088	3787098	1374075
港澳台投资合伙企业	20	3848	53	381	121041	73496
其他港澳台投资企业	11	3495	67	699	162068	65118
外商投资	**838**	**184107**	**1704**	**31634**	**12853607**	**7641943**
外商投资有限责任公司	590	129718	825	20149	9664440	6068887
外商投资股份有限公司	226	45309	802	9467	2795493	1356681
外商投资合伙企业	8	4758	5	239	173998	64139
其他外商投资企业	14	4322	72	1779	219675	152236

2-5-3 分登记注册统计类别中型工业企业办研发机构情况

登记注册统计类别	机构数（个）	机构人员数（人）	#博士	#硕士	机构经费支出（万元）	仪器和设备原价（万元）
合 计	**21062**	**1191062**	**11728**	**93872**	**45766259**	**42482193**
内资企业	**17358**	**973538**	**9690**	**76911**	**37482112**	**35288586**
有限责任公司	12928	697808	5757	46777	27070081	27379586
股份有限公司	4279	270222	3819	29456	10155571	7648210
非公司企业法人	94	3853	79	462	202696	232608
个人独资企业	39	1148	30	76	29534	18851
合伙企业	18	507	5	140	24230	9332
港澳台商投资	**1997**	**113879**	**1005**	**6471**	**3972459**	**3240228**
港澳台投资有限责任公司	1673	91509	700	4115	3039307	2564131
港澳台投资股份有限公司	268	18619	284	2204	796983	607821
港澳台投资合伙企业	40	2601	14	98	94618	51632
其他港澳台投资企业	16	1150	7	54	41551	16643
外商投资	**1707**	**103645**	**1033**	**10490**	**4311689**	**3953380**
外商投资有限责任公司	1391	81795	602	7146	3207051	3234087
外商投资股份有限公司	271	18615	412	3043	945121	666455
外商投资合伙企业	34	2670	15	252	137641	45488
其他外商投资企业	11	565	4	49	21876	7349

2−5−4 分行业工业企业办研发机构情况

行 业	机构数 (个)	机构人员数 (人)	#博士	#硕士	机构经费支出 (万元)	仪器和设备原价 (万元)
合 计	**149068**	**4588805**	**54545**	**451970**	**196264429**	**151247545**
采矿业	**1200**	**76405**	**1652**	**14387**	**3057559**	**2130181**
煤炭开采和洗选业	346	28968	193	2085	834121	923567
石油和天然气开采业	110	21545	980	9499	1074573	612593
黑色金属矿采选业	126	6083	153	518	350948	158469
有色金属矿采选业	151	6406	41	359	296567	167058
非金属矿采选业	416	6031	81	392	245843	136524
开采及其他辅助性活动	50	7357	204	1532	255273	131961
制造业	**146330**	**4473789**	**52088**	**432004**	**191217268**	**143612492**
农副食品加工业	4671	69576	1860	6498	2802726	1795848
食品制造业	2833	64658	1246	6312	1987669	1614695
酒、饮料和精制茶制造业	1303	29221	470	2513	977989	1740618
烟草制品业	114	6205	358	1616	547011	550819
纺织业	5618	116029	912	3551	2848815	2738725
纺织服装、服饰业	2192	51262	250	1498	1002901	534161
皮革、毛皮、羽毛及其制品和制鞋业	1743	42016	213	726	829652	323744
木材加工和木、竹、藤、棕、草制品业	1706	21458	282	1219	697703	463085
家具制造业	1876	45703	166	1310	1167677	453010
造纸和纸制品业	2034	47837	297	1178	2045788	2076468
印刷和记录媒介复制业	1811	37305	279	1196	980339	1207850
文教、工美、体育和娱乐用品制造业	2854	59913	387	2107	1328173	697626
石油加工、炼焦和核燃料加工业	591	21361	420	2051	2111623	6674995
化学原料和化学制品制造业	10062	242566	4808	24437	13105443	10801490
医药制造业	4745	206602	5831	42082	11553664	8239234
化学纤维制造业	889	34198	320	1419	1512643	1782095
橡胶和塑料制品业	8652	174643	1598	7232	5317179	8040130
非金属矿物制品业	9886	188192	2091	9493	6714816	8010638
黑色金属冶炼和压延加工业	1526	77545	1226	5370	9528722	5448640
有色金属冶炼和压延加工业	2873	82385	1382	5708	5185690	4450666
金属制品业	10441	212797	1741	7459	6594727	6157358
通用设备制造业	14066	364715	3460	30209	11652168	10253635
专用设备制造业	11470	329713	4526	37749	11246256	6711649
汽车制造业	6769	364095	3129	51625	19204249	10180944
铁路、船舶、航空航天和其他运输设备制造业	2062	87181	861	12124	3366434	2831146
电气机械和器材制造业	14958	525746	5190	49047	23976361	12277403
计算机、通信和其他电子设备制造业	13642	817431	7033	99715	37908629	24802602
仪器仪表制造业	3422	122861	1387	14541	3692401	2060557
其他制造业	647	13574	171	908	402164	163669
废弃资源综合利用业	723	11845	176	779	778754	396296
金属制品、机械和设备修理业	151	5156	18	332	148899	132695
电力、热力、燃气及水生产和供应业	**1538**	**38611**	**805**	**5579**	**1989602**	**5504872**
电力、热力生产和供应业	896	24636	648	4159	1450163	4791636
燃气生产和供应业	260	6569	59	447	327712	479061
水的生产和供应业	382	7406	98	973	211728	234176

2−5−5 分行业大型工业企业办研发机构情况

行业	机构数（个）	机构人员数（人）	#博士	#硕士	机构经费支出（万元）	仪器和设备原价（万元）
合计	**7798**	**1550277**	**19013**	**244809**	**92050298**	**56748858**
采矿业	**313**	**54640**	**1465**	**13147**	**2166099**	**1435593**
煤炭开采和洗选业	154	20451	180	1981	597296	627329
石油和天然气开采业	92	20769	942	9157	1038686	569121
黑色金属矿采选业	20	3556	134	363	158045	58622
有色金属矿采选业	28	2739	9	121	125834	73274
非金属矿采选业	7	717	8	62	24868	13528
开采及其他辅助性活动	12	6408	192	1463	221369	93719
制造业	**7402**	**1485498**	**16952**	**228071**	**89250853**	**54176703**
农副食品加工业	139	7961	266	956	325816	224328
食品制造业	164	14397	296	1965	617574	464674
酒、饮料和精制茶制造业	176	11069	144	1165	482607	466881
烟草制品业	32	3945	314	1362	456777	479607
纺织业	172	19877	116	540	491314	613817
纺织服装、服饰业	102	12068	25	341	238991	129541
皮革、毛皮、羽毛及其制品和制鞋业	62	12348	38	104	244800	74927
木材加工和木、竹、藤、棕、草制品业	6	504	1	3	13004	15997
家具制造业	80	13928	36	443	464950	103723
造纸和纸制品业	92	10237	74	284	736924	533420
印刷和记录媒介复制业	23	3202	8	163	90713	51720
文教、工美、体育和娱乐用品制造业	69	10614	60	364	259641	104908
石油加工、炼焦和核燃料加工业	136	12320	309	1589	1362003	1261716
化学原料和化学制品制造业	431	45306	655	5724	4030780	3036529
医药制造业	388	71699	2356	20858	5664848	4003631
化学纤维制造业	123	19843	91	788	928009	1208748
橡胶和塑料制品业	192	32226	304	1822	1260517	1428311
非金属矿物制品业	201	27021	176	1302	1229319	1076577
黑色金属冶炼和压延加工业	312	53220	965	4474	7622034	4261688
有色金属冶炼和压延加工业	289	28180	550	2702	1611005	1496388
金属制品业	255	34186	155	1148	1110852	773028
通用设备制造业	509	83649	893	13879	3787453	3027322
专用设备制造业	343	74526	1065	14882	3364235	1583907
汽车制造业	484	194437	1893	43107	13372778	5278676
铁路、船舶、航空航天和其他运输设备制造业	188	37519	438	7997	1734486	1353618
电气机械和器材制造业	939	192954	2496	30504	12446678	5290240
计算机、通信和其他电子设备制造业	1349	429834	2928	64672	24115503	15317455
仪器仪表制造业	105	22549	173	4184	803787	412260
其他制造业	10	1867	85	378	114961	5284
废弃资源综合利用业	15	1836	40	178	195320	23668
金属制品、机械和设备修理业	16	2176	2	193	73176	74115
电力、热力、燃气及水生产和供应业	**83**	**10139**	**596**	**3591**	**633347**	**1136561**
电力、热力生产和供应业	63	7431	525	3174	510731	1057615
燃气生产和供应业	9	1555	42	205	89477	46193
水的生产和供应业	11	1153	29	212	33139	32753

2–5–6 分行业中型工业企业办研发机构情况

行业	机构数（个）	机构人员数（人）	#博士	#硕士	机构经费支出（万元）	仪器和设备原价（万元）
合计	**21062**	**1191062**	**11728**	**93872**	**45766259**	**42482193**
采矿业	**263**	**12972**	**61**	**525**	**471003**	**387838**
煤炭开采和洗选业	130	7336	8	68	185927	235019
石油和天然气开采业	2	276	6	138	7187	1931
黑色金属矿采选业	32	1385	9	57	105021	62541
有色金属矿采选业	53	2538	16	159	104857	48326
非金属矿采选业	26	867	14	48	45620	19732
开采及其他辅助性活动	20	570	8	55	22391	20289
制造业	**20592**	**1168179**	**11591**	**92464**	**44748189**	**40374398**
农副食品加工业	502	18224	382	1481	712401	532183
食品制造业	476	19372	261	1467	536667	511259
酒、饮料和精制茶制造业	188	6991	54	392	200324	210168
烟草制品业	35	1307	20	122	56619	40561
纺织业	813	39509	270	908	947256	825916
纺织服装、服饰业	421	18318	86	456	390724	188467
皮革、毛皮、羽毛及其制品和制鞋业	288	11866	52	141	229057	88175
木材加工和木、竹、藤、棕、草制品业	80	3700	59	135	111110	74331
家具制造业	262	12430	38	172	269659	125596
造纸和纸制品业	268	13351	50	262	590496	773957
印刷和记录媒介复制业	228	12299	107	348	350560	427135
文教、工美、体育和娱乐用品制造业	377	18519	65	433	389284	195242
石油加工、炼焦和核燃料加工业	75	4976	28	189	481569	5170683
化学原料和化学制品制造业	1429	70991	1406	8019	4100752	3444344
医药制造业	1172	69405	1772	12982	3453145	2493443
化学纤维制造业	108	5076	57	176	236907	225076
橡胶和塑料制品业	816	41410	326	1710	1273123	1078714
非金属矿物制品业	1043	50932	439	2299	1880900	2957203
黑色金属冶炼和压延加工业	185	9507	96	306	1177974	524305
有色金属冶炼和压延加工业	389	21298	253	1232	1493085	1406772
金属制品业	1114	58113	436	2040	2027697	1590140
通用设备制造业	1637	96884	729	6972	3086050	2739870
专用设备制造业	1422	88628	1002	10182	3018108	1819539
汽车制造业	1415	82450	428	4611	3297120	2665407
铁路、船舶、航空航天和其他运输设备制造业	373	22712	122	2209	822211	862966
电气机械和器材制造业	2222	138814	1043	9310	5242554	3397403
计算机、通信和其他电子设备制造业	2531	181984	1462	18487	6799881	5005980
仪器仪表制造业	565	41539	511	5138	1290101	859407
其他制造业	83	3987	17	156	102540	47373
废弃资源综合利用业	47	2155	18	82	138082	65137
金属制品、机械和设备修理业	28	1432	2	47	42236	27647
电力、热力、燃气及水生产和供应业	**207**	**9911**	**76**	**883**	**547068**	**1719957**
电力、热力生产和供应业	134	6752	49	430	423742	1359514
燃气生产和供应业	23	1252	3	104	54182	266145
水的生产和供应业	50	1907	24	349	69145	94299

2-5-7 分行业国有控股工业企业办研发机构情况

行业	机构数（个）	机构人员数（人）	#博士	#硕士	机构经费支出（万元）	仪器和设备原价（万元）
合计	**7956**	**636220**	**10858**	**139522**	**38928881**	**39314384**
采矿业	**479**	**55286**	**1402**	**12134**	**2312705**	**1482794**
煤炭开采和洗选业	199	19938	180	1987	636068	603141
石油和天然气开采业	100	19247	838	7784	963397	563760
黑色金属矿采选业	29	3011	133	449	176222	79732
有色金属矿采选业	75	4799	29	284	231490	104814
非金属矿采选业	60	1709	28	135	76370	34926
开采及其他辅助性活动	15	6567	194	1493	228922	96413
制造业	**6749**	**555352**	**8765**	**122692**	**35178616**	**33914966**
农副食品加工业	93	2062	31	146	84307	53546
食品制造业	104	5083	101	825	227041	180453
酒、饮料和精制茶制造业	174	6845	120	858	365915	235648
烟草制品业	52	3624	314	1449	428370	526459
纺织业	54	2375	29	80	48645	55626
纺织服装、服饰业	26	1262	12	48	23036	41852
皮革、毛皮、羽毛及其制品和制鞋业	16	429	3	20	12696	4321
木材加工和木、竹、藤、棕、草制品业	23	688	3	51	31825	10246
家具制造业	5	1283	7	214	122930	11986
造纸和纸制品业	57	2845	29	162	137165	111919
印刷和记录媒介复制业	52	2449	29	141	72729	106888
文教、工美、体育和娱乐用品制造业	17	797		27	15812	20094
石油加工、炼焦和核燃料加工业	103	7732	292	1408	492036	5190472
化学原料和化学制品制造业	667	32808	791	5348	2190360	2370359
医药制造业	384	22639	620	4779	1252488	926277
化学纤维制造业	59	3903	75	657	180310	225604
橡胶和塑料制品业	157	7922	63	645	303168	3328632
非金属矿物制品业	757	26325	217	1950	1105471	2211375
黑色金属冶炼和压延加工业	146	20685	645	3487	3587474	1175174
有色金属冶炼和压延加工业	300	20657	591	2891	1254488	1121129
金属制品业	354	14553	217	1535	562503	550525
通用设备制造业	563	43168	563	10928	2101829	1875940
专用设备制造业	548	42427	791	11288	1823208	1335976
汽车制造业	437	84220	661	18868	7074810	3322057
铁路、船舶、航空航天和其他运输设备制造业	266	29532	439	8853	1477147	1590892
电气机械和器材制造业	451	30435	400	7245	1735153	1547685
计算机、通信和其他电子设备制造业	607	125867	1568	35919	7969699	5460484
仪器仪表制造业	160	8623	135	2497	327874	218888
其他制造业	24	606	8	101	21363	11833
废弃资源综合利用业	57	1130	6	84	63359	36947
金属制品、机械和设备修理业	36	2378	5	188	85408	55682
电力、热力、燃气及水生产和供应业	**728**	**25582**	**691**	**4696**	**1437560**	**3916624**
电力、热力生产和供应业	460	18070	605	3861	1146592	3635632
燃气生产和供应业	64	2788	33	200	154990	97564
水的生产和供应业	204	4724	53	635	135978	183428

2-5-8 分行业内资工业企业办研发机构情况

行业	机构数（个）	机构人员数（人）	#博士	#硕士	机构经费支出（万元）	仪器和设备原价（万元）
合 计	**135986**	**3764045**	**46612**	**362433**	**157623471**	**124990142**
采矿业	**1163**	**72270**	**1511**	**12630**	**2917238**	**2056550**
煤炭开采和洗选业	335	27386	186	2033	818295	913856
石油和天然气开采业	106	19400	850	7823	975425	571470
黑色金属矿采选业	121	5992	152	517	347897	155408
有色金属矿采选业	148	6290	41	356	291258	159529
非金属矿采选业	410	5931	79	387	241320	134264
开采及其他辅助性活动	42	7256	203	1512	242807	122015
制造业	**133458**	**3658487**	**44359**	**344712**	**152982571**	**117942317**
农副食品加工业	4403	63158	1690	5723	2550169	1600293
食品制造业	2513	50320	1059	4848	1543614	1087918
酒、饮料和精制茶制造业	1197	24750	436	2283	875640	1372362
烟草制品业	111	6097	358	1606	542567	547385
纺织业	5155	96631	759	2974	2355110	2148125
纺织服装、服饰业	1939	40043	209	1192	805516	386234
皮革、毛皮、羽毛及其制品和制鞋业	1564	31873	186	642	645560	240518
木材加工和木、竹、藤、棕、草制品业	1671	20777	274	1201	678902	452219
家具制造业	1724	38813	123	1216	1015565	377471
造纸和纸制品业	1827	37174	248	917	1425820	1563840
印刷和记录媒介复制业	1661	30976	233	962	817452	1017987
文教、工美、体育和娱乐用品制造业	2509	45423	353	1797	1076140	557822
石油加工、炼焦和核燃料加工业	549	19951	395	1921	1973444	6572134
化学原料和化学制品制造业	9150	212652	4242	21042	11509700	9596591
医药制造业	4287	170489	4641	32804	8848693	6541392
化学纤维制造业	802	28071	280	1269	1231445	1189421
橡胶和塑料制品业	7881	143274	1398	6070	4311178	7051361
非金属矿物制品业	9517	174711	2003	9020	6221941	7076249
黑色金属冶炼和压延加工业	1441	71778	1137	4789	8818214	4931232
有色金属冶炼和压延加工业	2709	74876	1260	5256	4805716	3892237
金属制品业	9747	186472	1640	6707	5842475	5463359
通用设备制造业	12922	310107	3089	24942	9562123	8415202
专用设备制造业	10540	284187	3750	31046	9117681	5641100
汽车制造业	5859	235284	1767	27513	11110494	6667750
铁路、船舶、航空航天和其他运输设备制造业	1898	74786	817	11128	2849500	2574098
电气机械和器材制造业	13697	453599	4745	43146	20943953	10608972
计算机、通信和其他电子设备制造业	11681	602344	5775	78854	27304995	18271317
仪器仪表制造业	3090	103906	1228	12334	3055896	1494361
其他制造业	584	10338	75	496	258361	132426
废弃资源综合利用业	702	11576	172	755	763598	383332
金属制品、机械和设备修理业	128	4051	17	259	121112	87609
电力、热力、燃气及水生产和供应业	**1365**	**33288**	**742**	**5091**	**1723662**	**4991275**
电力、热力生产和供应业	831	22820	637	4048	1349428	4649759
燃气生产和供应业	185	3595	17	214	181637	125464
水的生产和供应业	349	6873	88	829	192597	216052

2-5-9　分行业港澳台商投资工业企业办研发机构情况

行　业	机构数（个）	机构人员数（人）	#博士	#硕士	机构经费支出（万元）	仪器和设备原价（万元）
合　计	**6863**	**457177**	**4117**	**40502**	**18601002**	**12030921**
采矿业	**25**	**1890**	**73**	**688**	**80642**	**43290**
煤炭开采和洗选业	7	831	6	33	8374	1811
石油和天然气开采业	2	816	65	638	55589	23513
黑色金属矿采选业	4	61	1		2634	3011
有色金属矿采选业	2	93		3	4108	4219
非金属矿采选业	3	38		4	1306	792
开采及其他辅助性活动	7	51	1	10	8632	9945
制造业	**6733**	**452677**	**4012**	**39545**	**18399038**	**11845568**
农副食品加工业	112	2705	43	219	98948	63887
食品制造业	123	5293	48	464	180988	87274
酒、饮料和精制茶制造业	48	1927	5	81	49089	143836
烟草制品业	2	90		6	3483	1943
纺织业	311	13886	124	375	363609	288934
纺织服装、服饰业	168	8333	33	146	148681	79455
皮革、毛皮、羽毛及其制品和制鞋业	125	7501	22	57	130547	61714
木材加工和木、竹、藤、棕、草制品业	21	445	8	15	12566	7525
家具制造业	103	5006	10	64	113131	57710
造纸和纸制品业	134	7962	18	159	386568	224980
印刷和记录媒介复制业	118	5035	42	147	121765	146241
文教、工美、体育和娱乐用品制造业	238	10874	27	224	185924	108060
石油加工、炼焦和核燃料加工业	25	1049	14	73	91268	56959
化学原料和化学制品制造业	488	16545	287	1659	826217	609925
医药制造业	239	21355	586	5202	1737431	1109991
化学纤维制造业	51	3585	32	84	185301	224818
橡胶和塑料制品业	474	21624	129	664	719013	697714
非金属矿物制品业	203	9664	38	245	349820	595280
黑色金属冶炼和压延加工业	44	3715	27	253	294248	246710
有色金属冶炼和压延加工业	107	4404	35	129	251592	412531
金属制品业	420	16335	58	355	445193	453731
通用设备制造业	458	20639	130	1623	697460	692639
专用设备制造业	425	20327	311	2689	959749	466176
汽车制造业	255	57307	995	12370	2700131	944228
铁路、船舶、航空航天和其他运输设备制造业	82	6068	22	337	222084	86863
电气机械和器材制造业	714	42933	291	2560	1647697	1073649
计算机、通信和其他电子设备制造业	1030	126382	589	8276	5100049	2495704
仪器仪表制造业	151	9643	80	991	328907	369303
其他制造业	36	1177	6	23	21962	19111
废弃资源综合利用业	15	224	2	18	12698	7853
金属制品、机械和设备修理业	13	644		37	12921	10826
电力、热力、燃气及水生产和供应业	**105**	**2610**	**32**	**269**	**121322**	**142063**
电力、热力生产和供应业	49	1396	11	91	81709	96017
燃气生产和供应业	35	910	12	99	27394	39700
水的生产和供应业	21	304	9	79	12219	6346

2-5-10 分行业外商投资工业企业办研发机构情况

行业	机构数（个）	机构人员数（人）	#博士	#硕士	机构经费支出（万元）	仪器和设备原价（万元）
合　计	**6219**	**367583**	**3816**	**49035**	**20039956**	**14226482**
采矿业	**12**	**2245**	**68**	**1069**	**59679**	**30341**
煤炭开采和洗选业	4	751	1	19	7452	7901
石油和天然气开采业	2	1329	65	1038	43559	17610
黑色金属矿采选业	1	30		1	417	50
有色金属矿采选业	1	23			1201	3311
非金属矿采选业	3	62	2	1	3217	1468
开采及其他辅助性活动	1	50		10	3833	2
制造业	**6139**	**362625**	**3717**	**47747**	**19835659**	**13824607**
农副食品加工业	156	3713	127	556	153609	131669
食品制造业	197	9045	139	1000	263067	439503
酒、饮料和精制茶制造业	58	2544	29	149	53260	224420
烟草制品业	1	18		4	961	1491
纺织业	152	5512	29	202	130096	301666
纺织服装、服饰业	85	2886	8	160	48705	68472
皮革、毛皮、羽毛及其制品和制鞋业	54	2642	5	27	53546	21512
木材加工和木、竹、藤、棕、草制品业	14	236		3	6235	3341
家具制造业	49	1884	33	30	38981	17829
造纸和纸制品业	73	2701	31	102	233400	287648
印刷和记录媒介复制业	32	1294	4	87	41122	43621
文教、工美、体育和娱乐用品制造业	107	3616	7	86	66110	31744
石油加工、炼焦和核燃料加工业	17	361	11	57	46912	45903
化学原料和化学制品制造业	424	13369	279	1736	769525	594974
医药制造业	219	14758	604	4076	967540	587852
化学纤维制造业	36	2542	8	66	95897	367855
橡胶和塑料制品业	297	9745	71	498	286988	291056
非金属矿物制品业	166	3817	50	228	143055	339109
黑色金属冶炼和压延加工业	41	2052	62	328	416260	270699
有色金属冶炼和压延加工业	57	3105	87	323	128383	145898
金属制品业	274	9990	43	397	307059	240268
通用设备制造业	686	33969	241	3644	1392585	1145794
专用设备制造业	505	25199	465	4014	1168827	604374
汽车制造业	655	71504	367	11742	5393624	2568966
铁路、船舶、航空航天和其他运输设备制造业	82	6327	22	659	294851	170185
电气机械和器材制造业	547	29214	154	3341	1384712	594782
计算机、通信和其他电子设备制造业	931	88705	669	12585	5503586	4035581
仪器仪表制造业	181	9312	79	1216	307599	196894
其他制造业	27	2059	90	389	121841	12131
废弃资源综合利用业	6	45	2	6	2458	5111
金属制品、机械和设备修理业	10	461	1	36	14865	34260
电力、热力、燃气及水生产和供应业	**68**	**2713**	**31**	**219**	**144618**	**371534**
电力、热力生产和供应业	16	420		20	19026	45859
燃气生产和供应业	40	2064	30	134	118681	313897
水的生产和供应业	12	229	1	65	6912	11778

2-5-11 各地区工业企业办研发机构情况

地区	机构数（个）	机构人员数（人）	#博士	#硕士	机构经费支出（万元）	仪器和设备原价（万元）
全国	**149068**	**4588805**	**54545**	**451970**	**196264429**	**151247545**
东部地区	106663	3381447	37034	313333	144283587	98017641
中部地区	32730	798256	11308	80849	33039115	32796482
西部地区	8531	347842	5254	47381	16180937	17769299
东北地区	1144	61260	949	10407	2760790	2664123
北京	516	50121	1739	15773	3480573	1491013
天津	637	40195	720	6753	1668738	1363731
河北	5684	144582	1323	11354	7298933	5420883
山西	1326	56984	519	4161	1954875	3348244
内蒙古	298	14439	157	1415	974359	720709
辽宁	669	33662	394	5739	1441055	1392850
吉林	206	13487	223	2311	620523	534368
黑龙江	269	14111	332	2357	699213	736905
上海	935	85554	2286	22806	7127154	5176700
江苏	19336	555414	7944	57418	25381326	23181408
浙江	27663	812415	5730	47323	28584385	17310780
安徽	8750	200646	2566	18782	8813680	7825231
福建	2213	117776	1162	10101	4716468	3180954
江西	7095	147125	1482	7810	6049097	4171712
山东	17176	441554	6687	48660	20148724	16359144
河南	4470	112064	1695	12178	4027637	8306022
湖北	6651	172062	3212	22573	7355141	5481355
湖南	4438	109375	1834	15345	4838685	3663919
广东	32372	1128306	9381	92799	45567421	24319231
广西	791	34308	256	2240	1219926	1522045
海南	131	5530	62	346	309866	213798
重庆	2033	75382	839	8056	3933392	5924802
四川	2339	100731	1812	12848	4026722	3058048
贵州	377	12605	120	1000	495509	653966
云南	783	28446	410	1989	1473215	2587808
西藏	5	41	2	9	2059	1243
陕西	904	41781	966	14706	1877439	1238923
甘肃	282	9357	164	1040	372398	447210
青海	38	2002	30	248	83979	29576
宁夏	414	14276	252	1656	796192	595951
新疆	267	14474	246	2174	925748	989019

2-5-12 各地区大型工业企业办研发机构情况

地　区	机构数（个）	机构人员数（人）	#博士	#硕士	机构经费支出（万元）	仪器和设备原价（万元）
全　国	**7798**	**1550277**	**19013**	**244809**	**92050298**	**56748858**
东部地区	5222	1119814	13542	171764	68013136	37764433
中部地区	1515	249218	2693	35269	13482479	10816218
西部地区	888	149624	2278	30609	8726324	6613104
东北地区	173	31621	500	7167	1828360	1555103
北　京	62	24154	876	8353	1917783	873047
天　津	69	14204	262	3417	682757	467245
河　北	299	51548	379	5686	3667251	2099183
山　西	152	23337	183	2171	845688	1388644
内蒙古	60	7206	104	931	585033	339650
辽　宁	85	15730	194	3691	837509	725840
吉　林	37	7657	106	1682	482998	394099
黑龙江	51	8234	200	1794	507854	435164
上　海	94	39501	1404	15115	4880819	3426840
江　苏	900	163124	1653	23339	10343003	8670663
浙　江	747	191754	1532	21075	10013303	4117412
安　徽	413	61099	469	8171	3963098	3136190
福　建	224	56679	592	7053	2905954	1896901
江　西	221	36924	322	2385	2037706	1474512
山　东	986	150049	2171	26303	9414865	6031512
河　南	290	42238	440	5846	1902348	1465183
湖　北	244	50814	832	10878	3061408	1711757
湖　南	195	34806	447	5818	1672230	1639933
广　东	1830	426821	4649	61313	24111357	10161819
广　西	66	13926	116	1468	565843	489493
海　南	11	1980	24	110	76046	19813
重　庆	130	28029	306	4718	1948796	1301093
四　川	294	42167	705	6381	2118772	1517082
贵　州	48	4775	44	582	272540	249691
云　南	62	12420	135	942	721800	1180964
西　藏						
陕　西	62	20362	598	11669	1191971	467483
甘　肃	49	5448	61	759	240108	263044
青　海	26	1572	26	233	59770	23656
宁　夏	31	4649	21	994	311003	162581
新　疆	60	9070	162	1932	710687	618367

2-5-13 各地区中型工业企业办研发机构情况

地区	机构数（个）	机构人员数（人）	#博士	#硕士	机构经费支出（万元）	仪器和设备原价（万元）
全国	**21062**	**1191062**	**11728**	**93872**	**45766259**	**42482193**
东部地区	14834	880551	8232	66298	33772663	25963017
中部地区	4252	204362	2369	17801	7585893	12184381
西部地区	1731	91632	942	8020	3904884	3740716
东北地区	245	14517	185	1753	502820	594080
北京	163	15417	498	5079	1075624	389326
天津	202	15078	252	2023	623218	569605
河北	736	32631	221	2272	1472052	1217352
山西	257	16714	94	1009	624374	782430
内蒙古	81	4206	13	273	252026	251496
辽宁	163	9103	87	1238	346455	331727
吉林	41	2413	23	196	53108	50558
黑龙江	41	3001	75	319	103257	211796
上海	237	25085	430	4782	1287814	906229
江苏	2695	144062	1852	13931	6464923	6262256
浙江	3269	224584	1652	11979	7906324	5434463
安徽	1164	52221	583	4503	1960231	1940754
福建	520	30749	251	1747	1010695	809496
江西	779	34167	266	1695	1222133	989464
山东	2209	107063	1520	9893	4518553	4049483
河南	660	27021	462	2668	962011	5806172
湖北	839	46787	534	4456	1693275	1620995
湖南	553	27452	430	3470	1123870	1044567
广东	4776	284050	1540	14435	9262728	6193934
广西	180	10215	70	427	347182	450659
海南	27	1832	16	157	150732	130873
重庆	440	22716	187	1565	1058528	906942
四川	494	27489	404	3307	1019848	799985
贵州	67	4126	16	179	118456	227635
云南	139	6078	60	457	366347	299683
西藏						
陕西	140	8003	67	1281	298147	295487
甘肃	47	1617	30	98	59659	99453
青海	3	288	3	9	19720	355
宁夏	90	4689	81	348	265486	220961
新疆	50	2205	11	76	99487	188061

2-5-14　各地区国有控股工业企业办研发机构情况

地　区	机构数（个）	机构人员数（人）	#博士	#硕士	机构经费支出（万元）	仪器和设备原价（万元）
全　国	**7956**	**636220**	**10858**	**139522**	**38928881**	**39314384**
东部地区	4041	335125	6063	80632	23627919	17189125
中部地区	2288	154898	2367	28908	7773742	12417866
西部地区	1411	123196	1959	23677	6329835	8380265
东北地区	216	23001	469	6305	1197385	1327129
北　京	150	20417	891	7536	1468984	680653
天　津	113	9039	187	2279	398814	355016
河　北	434	22943	291	3905	1394248	1131326
山　西	309	20257	208	2726	765896	1275845
内蒙古	68	4492	34	756	213994	238610
辽　宁	121	10765	162	2950	483729	603098
吉　林	34	5294	104	1515	325692	319221
黑龙江	61	6942	203	1840	387965	404810
上　海	172	33144	1111	12254	4280037	3215272
江　苏	728	42384	784	10224	2564730	2369475
浙　江	374	20599	222	2952	1212212	1121127
安　徽	611	34467	376	5287	1773197	2462793
福　建	124	15394	146	2906	685470	415585
江　西	292	13050	252	1473	729244	530207
山　东	1160	79028	1375	17853	4406373	3797978
河　南	348	25470	318	4466	977060	5658109
湖　北	396	39759	779	9816	2360956	1409621
湖　南	332	21895	434	5140	1167389	1081292
广　东	767	91484	1043	20591	7175542	4075718
广　西	126	12712	102	1437	507857	578431
海　南	19	693	13	132	41509	26975
重　庆	243	22078	193	4279	1484087	4145067
四　川	339	33010	510	5488	1509127	1092451
贵　州	82	4396	41	607	276230	276831
云　南	147	11248	198	1338	631462	642402
西　藏						
陕　西	173	17360	629	5835	707635	635430
甘　肃	92	5096	57	791	245100	282715
青　海	19	1234	22	220	40534	15968
宁　夏	47	3472	32	1071	167564	151358
新　疆	75	8098	141	1855	546245	321004

2-5-15 各地区内资工业企业办研发机构情况

地　　区	机构数（个）	机　构人员数（人）	#博士	#硕士	机构经费支　出（万元）	仪器和设备原价（万元）
全　　国	**135986**	**3764045**	**46612**	**362433**	**157623471**	**124990142**
东部地区	95232	2658858	30093	235311	110417072	75706121
中部地区	31551	728550	10676	73851	29874942	30105679
西部地区	8152	322944	5005	44525	15059926	16913447
东北地区	1051	53693	838	8746	2271531	2264895
北　　京	443	41837	1465	13055	2820537	1016705
天　　津	528	32586	536	4960	1360909	1042290
河　　北	5469	120301	1232	8997	5818087	4963836
山　　西	1300	54683	507	4022	1892739	3307483
内 蒙 古	276	13077	100	1125	837282	657328
辽　　宁	600	27636	292	4485	1049210	1047646
吉　　林	188	12051	214	1916	526276	488438
黑 龙 江	263	14006	332	2345	696045	728812
上　　海	670	53678	1595	14014	4600728	3672890
江　　苏	16878	426709	6664	43289	18839631	17246845
浙　　江	25489	689164	4525	35369	23106803	14650441
安　　徽	8377	182666	2389	16949	7827649	7253872
福　　建	1828	87487	928	8106	3734251	2250533
江　　西	6781	131794	1383	6484	5244905	3403469
山　　东	16114	389179	6079	41080	17688983	14022912
河　　南	4339	107399	1605	11542	3781870	8107125
湖　　北	6437	157253	3050	20786	6753994	4733678
湖　　南	4317	94755	1742	14068	4373786	3300052
广　　东	27696	812978	7011	66124	32189089	16642626
广　　西	740	27337	178	1506	984345	1319344
海　　南	117	4939	58	317	258056	197045
重　　庆	1938	67034	811	7132	3457647	5671309
四　　川	2239	96729	1750	12354	3885749	2941923
贵　　州	356	11361	113	890	466170	612522
云　　南	749	27391	408	1907	1435592	2543498
西　　藏	5	41	2	9	2059	1243
陕　　西	869	40474	956	14536	1833538	1131340
甘　　肃	282	9357	164	1040	372398	447210
青　　海	38	2002	30	248	83979	29576
宁　　夏	398	13804	248	1616	779882	571500
新　　疆	262	14337	245	2162	921288	986655

2-5-16 各地区港澳台商投资工业企业办研发机构情况

地　区	机构数（个）	机构人员数（人）	#博士	#硕士	机构经费支出（万元）	仪器和设备原价（万元）
全　国	**6863**	**457177**	**4117**	**40502**	**18601002**	**12030921**
东部地区	6077	410826	3740	36857	16627055	10623598
中部地区	588	36005	306	2899	1565048	1040921
西部地区	161	8586	41	560	342630	323781
东北地区	37	1760	30	186	66269	42621
北　京	22	2601	77	783	245219	227081
天　津	46	3285	63	336	102349	122573
河　北	90	17578	40	1533	972962	268927
山　西	9	1012	7	33	23100	19617
内蒙古	11	644	2	47	70202	28561
辽　宁	28	1549	28	167	59778	38923
吉　林	7	160	2	16	5604	3431
黑龙江	2	51		3	887	267
上　海	83	7326	225	1649	389113	363913
江　苏	952	54325	617	6216	2876493	2196822
浙　江	1037	63365	605	4166	2810332	1438671
安　徽	161	8890	105	945	557907	292599
福　建	248	18821	163	1314	607986	627241
江　西	176	6237	37	183	338503	171520
山　东	423	24119	279	3292	1233819	1300555
河　南	67	2524	21	291	107185	109852
湖　北	105	5638	91	781	261683	325085
湖　南	70	11704	45	666	276670	122249
广　东	3167	219050	1668	17546	7353786	4069947
广　西	19	891		5	19375	46686
海　南	9	356	3	22	35000	7868
重　庆	38	2528	8	164	118636	80892
四　川	42	1992	17	214	62526	62473
贵　州	13	1060	1	22	19456	35396
云　南	18	615	2	62	20666	21842
西　藏						
陕　西	11	638	6	28	23575	42785
甘　肃						
青　海						
宁　夏	4	81	4	6	3734	2782
新　疆	5	137	1	12	4460	2364

2-5-17 各地区外商投资工业企业办研发机构情况

地区	机构数（个）	机构人员数（人）	#博士	#硕士	机构经费支出（万元）	仪器和设备原价（万元）
全国	**6219**	**367583**	**3816**	**49035**	**20039956**	**14226482**
东部地区	5354	311763	3201	41165	17239459	11687922
中部地区	591	33701	326	4099	1599126	1649883
西部地区	218	16312	208	2296	778381	532071
东北地区	56	5807	81	1475	422990	356607
北京	51	5683	197	1935	414817	247228
天津	63	4324	121	1457	205480	198868
河北	125	6703	51	824	507884	188120
山西	17	1289	5	106	39036	21144
内蒙古	11	718	55	243	66875	34820
辽宁	41	4477	74	1087	332067	306282
吉林	11	1276	7	379	88643	42499
黑龙江	4	54		9	2280	7826
上海	182	24550	466	7143	2137313	1139897
江苏	1506	74380	663	7913	3665203	3737741
浙江	1137	59886	600	7788	2667250	1221668
安徽	212	9090	72	888	428124	278760
福建	137	11468	71	681	374232	303180
江西	138	9094	62	1143	465690	596723
山东	639	28256	329	4288	1225923	1035676
河南	64	2141	69	345	138582	89046
湖北	109	9171	71	1006	339465	422592
湖南	51	2916	47	611	188230	241619
广东	1509	96278	702	9129	6024547	3606658
广西	32	6080	78	729	216207	156015
海南	5	235	1	7	16811	8886
重庆	57	5820	20	760	357109	172601
四川	58	2010	45	280	78447	53652
贵州	8	184	6	88	9883	6049
云南	16	440		20	16957	22468
西藏						
陕西	24	669	4	142	20326	64798
甘肃						
青海						
宁夏	12	391		34	12577	21670
新疆						

第二部分

工业企业研发活动情况

6

工业企业新产品开发及销售情况

（2023）

2-6-1 分登记注册统计类别工业企业新产品开发及销售情况

单位：万元

登记注册统计类别	新产品开发项目数（项）	新产品开发经费支出	新产品销售收入	#出口
合 计	**1204643**	**275638464**	**3413340364**	**554797551**
内资企业	**1069652**	**223568696**	**2711802539**	**340978745**
有限责任公司	895861	171716465	2077958607	235103936
股份有限公司	165216	50258562	615774343	104823734
非公司企业法人	3747	925393	10172157	797481
个人独资企业	3831	548468	6877162	160055
合伙企业	977	118743	1007562	89156
港澳台商投资	**66855**	**24912212**	**352470969**	**112757495**
港澳台投资有限责任公司	54478	18446043	273703061	90864554
港澳台投资股份有限公司	10368	5788643	71010301	19023637
港澳台投资合伙企业	1116	357683	4405850	2417977
其他港澳台投资企业	893	319843	3351756	451328
外商投资	**68136**	**27157556**	**349066856**	**101061311**
外商投资有限责任公司	55496	20842917	275211772	85228072
外商投资股份有限公司	10777	5342484	58236528	11222364
外商投资合伙企业	1031	450855	6178064	4202438
其他外商投资企业	832	521300	9440492	408437

2–6–2 分登记注册统计类别大型工业企业新产品开发及销售情况

单位：万元

登记注册统计类别	新产品开发项目数（项）	新产品开发经费支出	新产品销售收入	#出口
合　计	**143999**	**120604281**	**1682742345**	**376023156**
内资企业	**112238**	**89390646**	**1197588024**	**209331984**
有限责任公司	71475	59925201	809716172	134969336
股份有限公司	39613	28998869	382969035	73868419
非公司企业法人	1150	466575	4736654	494228
个人独资企业			166164	
合伙企业				
港澳台商投资	**15889**	**15101718**	**244676791**	**90664338**
港澳台投资有限责任公司	11028	10484000	184674235	72772034
港澳台投资股份有限公司	4215	4191614	54875922	15732266
港澳台投资合伙企业	250	183027	2732212	1901356
其他港澳台投资企业	396	243077	2394422	258682
外商投资	**15872**	**16111918**	**240477530**	**76026834**
外商投资有限责任公司	10359	12062122	181510482	63140362
外商投资股份有限公司	5136	3486156	46663563	8932428
外商投资合伙企业	219	231729	4491396	3664365
其他外商投资企业	158	331911	7812089	289679

2-6-3　分登记注册统计类别中型工业企业新产品开发及销售情况

单位：万元

登记注册统计类别	新产品开发项目数（项）	新产品开发经费支出	新产品销售收入	#出口
合　计	**229519**	**62453794**	**804822351**	**99830274**
内资企业	**188596**	**50440161**	**668435011**	**69104188**
有限责任公司	135092	37609747	515141078	46393152
股份有限公司	52251	12438890	148151245	22453440
非公司企业法人	862	264720	3550925	220863
个人独资企业	284	98936	1303911	13093
合伙企业	107	27868	287853	23641
港澳台商投资	**20806**	**5767139**	**69043074**	**14690943**
港澳台投资有限责任公司	16592	4539814	55909932	11958124
港澳台投资股份有限公司	3686	1075692	11269440	2160074
港澳台投资合伙企业	376	112818	1359123	446367
其他港澳台投资企业	152	38816	504579	126379
外商投资	**20117**	**6246494**	**67344265**	**16035143**
外商投资有限责任公司	16185	4816647	57077808	13720857
外商投资股份有限公司	3206	1235867	8414351	1755428
外商投资合伙企业	349	134203	1167137	460440
其他外商投资企业	377	59778	684970	98418

2−6−4　分行业工业企业新产品开发及销售情况

单位：万元

行　　业	新产品开发项目数（项）	新产品开发经费支出	新产品销售收入	
				#出口
合　计	**1204643**	**275638464**	**3413340364**	**554797551**
采矿业	**9767**	**2934287**	**24536954**	**90002**
煤炭开采和洗选业	2998	1082227	7460251	
石油和天然气开采业	939	482290	1494026	
黑色金属矿采选业	882	310814	3976132	2219
有色金属矿采选业	1329	317939	3897239	23048
非金属矿采选业	1717	298725	4817117	58465
开采及其他辅助性活动	1898	441192	2873500	6270
制造业	**1180044**	**269922184**	**3369922062**	**554596918**
农副食品加工业	25943	4849945	73961611	2214681
食品制造业	21050	2880018	36555365	3140461
酒、饮料和精制茶制造业	7712	1330739	18597986	420108
烟草制品业	2218	406237	8473870	750785
纺织业	29727	4309865	55085742	8044827
纺织服装、服饰业	12121	1580761	21559439	4035738
皮革、毛皮、羽毛及其制品和制鞋业	10844	1478450	16158164	3149245
木材加工和木、竹、藤、棕、草制品业	8388	1194531	17512626	1047763
家具制造业	13459	1613569	18765994	4276509
造纸和纸制品业	13381	2734531	44388762	2620101
印刷和记录媒介复制业	11257	1377677	16645074	2238353
文教、工美、体育和娱乐用品制造业	17116	1970785	21594765	6551156
石油加工、炼焦和核燃料加工业	5135	2874527	72668181	1768973
化学原料和化学制品制造业	73792	15167831	250029188	19814824
医药制造业	62793	13293840	89334805	9001593
化学纤维制造业	6322	2000006	34526022	2350390
橡胶和塑料制品业	59633	7611773	90073208	16894346
非金属矿物制品业	59050	9836847	129220885	6564085
黑色金属冶炼和压延加工业	18824	15090033	196720033	7503715
有色金属冶炼和压延加工业	22629	8303384	165679614	6787935
金属制品业	73339	9502391	116655350	15497140
通用设备制造业	117031	16589195	173817059	23032597
专用设备制造业	107200	16701444	145002534	21044090
汽车制造业	67596	24912899	357616419	38154657
铁路、船舶、航空航天和其他运输设备制造业	25885	4953279	59026855	15192865
电气机械和器材制造业	127563	31532337	463318737	79635682
计算机、通信和其他电子设备制造业	133541	59052432	617246770	245412488
仪器仪表制造业	36078	5174401	37543998	4793726
其他制造业	5445	564116	5940009	1895683
废弃资源综合利用业	3123	734857	14127660	111601
金属制品、机械和设备修理业	1849	299483	2075338	650802
电力、热力、燃气及水生产和供应业	**14832**	**2781992**	**18881348**	**110631**
电力、热力生产和供应业	11332	2120912	8638395	84778
燃气生产和供应业	1687	398319	8733809	22454
水的生产和供应业	1813	262761	1509144	3399

2-6-5　分行业大型工业企业新产品开发及销售情况

单位：万元

行　业	新产品开发项目数(项)	新产品开发经费支出	新产品销售收入	#出口
合　计	**143999**	**120604281**	**1682742345**	**376023156**
采矿业	**5108**	**1748353**	**12814900**	**17263**
煤炭开采和洗选业	1996	771324	6501019	
石油和天然气开采业	710	389266	661957	
黑色金属矿采选业	283	85161	1184616	
有色金属矿采选业	388	112226	1402856	
非金属矿采选业	136	18604	469678	17263
开采及其他辅助性活动	1595	371773	2594776	
制造业	**132732**	**117909514**	**1664114821**	**376005893**
农副食品加工业	1137	545291	11852469	218425
食品制造业	2023	743770	12017819	1096896
酒、饮料和精制茶制造业	1170	476282	9750116	168990
烟草制品业	1359	288427	7441341	284122
纺织业	1922	727267	10614626	2296575
纺织服装、服饰业	1097	303635	7105547	1224798
皮革、毛皮、羽毛及其制品和制鞋业	986	337596	4435660	922072
木材加工和木、竹、藤、棕、草制品业	127	17719	417391	75949
家具制造业	1381	508594	7377982	1237655
造纸和纸制品业	1111	907033	19035694	1119576
印刷和记录媒介复制业	411	115643	2169084	818613
文教、工美、体育和娱乐用品制造业	859	306952	3930488	1574001
石油加工、炼焦和核燃料加工业	2210	1723341	52534936	1174577
化学原料和化学制品制造业	4804	3495147	87882877	7522213
医药制造业	11339	6272502	37512109	4775715
化学纤维制造业	1771	1103086	21970359	1577380
橡胶和塑料制品业	3214	1581741	24420686	7704315
非金属矿物制品业	2723	1717108	32481218	2390757
黑色金属冶炼和压延加工业	10336	11844154	150323957	6493941
有色金属冶炼和压延加工业	3769	3007009	64037118	4058945
金属制品业	4089	1204876	18967573	4366767
通用设备制造业	8403	4326792	52454542	8825597
专用设备制造业	7872	4149526	41909823	8209291
汽车制造业	11956	15674578	252599749	29227735
铁路、船舶、航空航天和其他运输设备制造业	5832	2224604	32337994	8511615
电气机械和器材制造业	14872	14473521	250424568	55100750
计算机、通信和其他电子设备制造业	22063	38473369	434894250	212498228
仪器仪表制造业	2117	953430	7977763	1048303
其他制造业	994	125120	1530731	1070755
废弃资源综合利用业	63	123661	2668343	
金属制品、机械和设备修理业	722	157743	1038009	411339
电力、热力、燃气及水生产和供应业	**6159**	**946415**	**5812624**	
电力、热力生产和供应业	5744	819476	478632	
燃气生产和供应业	172	97459	5333883	
水的生产和供应业	243	29481	109	

2–6–6　分行业中型工业企业新产品开发及销售情况

单位：万元

行　业	新产品开发项目数(项)	新产品开发经费支出	新产品销售收入	#出口
合　计	**229519**	**62453794**	**804822351**	**99830274**
采矿业	**1653**	**529380**	**4629545**	**34407**
煤炭开采和洗选业	733	228812	506028	
石油和天然气开采业	4	303		
黑色金属矿采选业	209	108943	1512771	
有色金属矿采选业	415	86074	1480926	7345
非金属矿采选业	177	55620	987189	20791
开采及其他辅助性活动	115	49628	142631	6270
制造业	**225769**	**61136577**	**795470947**	**99707933**
农副食品加工业	4148	1069530	18103510	731522
食品制造业	4367	733137	9695721	959958
酒、饮料和精制茶制造业	1380	307681	3805645	46377
烟草制品业	469	66596	737415	370268
纺织业	5523	1285886	19929711	3007453
纺织服装、服饰业	2746	541293	7381310	1493010
皮革、毛皮、羽毛及其制品和制鞋业	2190	381805	3787135	875508
木材加工和木、竹、藤、棕、草制品业	712	172465	3078018	440019
家具制造业	2352	359070	4625191	1579735
造纸和纸制品业	2300	714099	12459617	946624
印刷和记录媒介复制业	1884	408076	5774619	826244
文教、工美、体育和娱乐用品制造业	3069	516158	7230802	2173084
石油加工、炼焦和核燃料加工业	793	757910	14821821	415279
化学原料和化学制品制造业	13582	4655623	78841476	7263233
医药制造业	20276	3812040	29864929	3005481
化学纤维制造业	999	354396	6541222	401610
橡胶和塑料制品业	8207	1719839	23298807	4602419
非金属矿物制品业	9056	2456290	37444780	2232059
黑色金属冶炼和压延加工业	2514	2130913	30869934	734253
有色金属冶炼和压延加工业	4381	2122397	49080764	1768914
金属制品业	11005	2661742	37665825	5825919
通用设备制造业	19299	4157138	50025590	6596853
专用设备制造业	18138	4342825	41817319	6637895
汽车制造业	17221	4873201	62295480	5610111
铁路、船舶、航空航天和其他运输设备制造业	6366	1243804	14784044	3883583
电气机械和器材制造业	24624	7410200	106924115	13949937
计算机、通信和其他电子设备制造业	29428	9985140	96624543	20606182
仪器仪表制造业	7269	1552904	13629795	2111568
其他制造业	856	147288	1690566	376389
废弃资源综合利用业	305	129832	2073511	25247
金属制品、机械和设备修理业	310	65300	567735	211204
电力、热力、燃气及水生产和供应业	**2097**	**787837**	**4721859**	**87935**
电力、热力生产和供应业	1562	616541	3359499	84543
燃气生产和供应业	268	63110	817916	
水的生产和供应业	267	108185	544443	3391

2-6-7 分行业国有控股工业企业新产品开发及销售情况

单位：万元

行业	新产品开发项目数(项)	新产品开发经费支出	新产品销售收入	#出口
合 计	**125612**	**51769181**	**630486722**	**64039913**
采矿业	**6100**	**1879385**	**15458329**	**17295**
煤炭开采和洗选业	2181	802478	6874106	
石油和天然气开采业	853	336972	801293	
黑色金属矿采选业	304	91601	1665514	
有色金属矿采选业	748	190561	2409338	
非金属矿采选业	365	64753	1107646	17295
开采及其他辅助性活动	1648	392777	2594800	
制造业	**108313**	**47732507**	**607846560**	**63941318**
农副食品加工业	797	178930	1782663	22086
食品制造业	1167	256823	2441303	223004
酒、饮料和精制茶制造业	1112	332575	7501616	177742
烟草制品业	1514	262863	7455405	165974
纺织业	453	108996	947559	90486
纺织服装、服饰业	286	24677	385329	60749
皮革、毛皮、羽毛及其制品和制鞋业	87	16939	153427	3
木材加工和木、竹、藤、棕、草制品业	122	32576	537857	7973
家具制造业	47	97149	614642	16507
造纸和纸制品业	410	169882	1969664	61744
印刷和记录媒介复制业	583	92375	887847	20605
文教、工美、体育和娱乐用品制造业	188	22739	115295	13688
石油加工、炼焦和核燃料加工业	2180	1046207	26738120	1282251
化学原料和化学制品制造业	6349	2560378	45373010	4168011
医药制造业	5960	1417194	11075919	786706
化学纤维制造业	758	243922	2980949	436853
橡胶和塑料制品业	1660	420279	4550146	1261914
非金属矿物制品业	6321	1466605	15622490	574566
黑色金属冶炼和压延加工业	7372	7159232	74224812	4650635
有色金属冶炼和压延加工业	4576	2177245	53105216	2707472
金属制品业	4297	795910	10252749	860486
通用设备制造业	9229	2574631	30961137	2302333
专用设备制造业	8696	2430522	26671019	4180236
汽车制造业	9436	8603627	138333603	15669039
铁路、船舶、航空航天和其他运输设备制造业	8192	2097537	26301631	5734264
电气机械和器材制造业	8353	2273302	35591573	2241948
计算机、通信和其他电子设备制造业	12502	10172582	75166613	15381606
仪器仪表制造业	3404	469034	3693746	237577
其他制造业	1116	18792	119614	67
废弃资源综合利用业	292	60510	672167	
金属制品、机械和设备修理业	854	148475	1619440	604793
电力、热力、燃气及水生产和供应业	**11199**	**2157289**	**7181833**	**81299**
电力、热力生产和供应业	9483	1805696	4454488	77908
燃气生产和供应业	597	159470	1744214	
水的生产和供应业	1119	192123	983131	3391

2-6-8 分行业内资工业企业新产品开发及销售情况

单位：万元

行 业	新产品开发项目数(项)	新产品开发经费支出	新产品销售收入	#出口
合 计	**1069652**	**223568696**	**2711802539**	**340978745**
采矿业	**9393**	**2706528**	**23613317**	**85427**
煤炭开采和洗选业	2812	1019347	6944690	
石油和天然气开采业	884	351155	1494026	
黑色金属矿采选业	849	296113	3872323	2219
有色金属矿采选业	1294	314299	3845912	23048
非金属矿采选业	1681	294854	4676035	53890
开采及其他辅助性活动	1869	429659	2761643	6270
制造业	**1046786**	**218392778**	**2677456452**	**340782687**
农副食品加工业	24028	4394745	64737029	1796535
食品制造业	18087	2326447	30002045	2639332
酒、饮料和精制茶制造业	6792	1187936	17288391	368673
烟草制品业	2187	401714	8417353	727656
纺织业	26383	3666766	46729444	5706732
纺织服装、服饰业	10500	1255045	15648571	2333679
皮革、毛皮、羽毛及其制品和制鞋业	9581	1219641	12763603	2434804
木材加工和木、竹、藤、棕、草制品业	8106	1156093	17071368	970066
家具制造业	12227	1422938	16528919	3488571
造纸和纸制品业	11513	1915096	29031940	1217025
印刷和记录媒介复制业	10132	1179746	13803025	1302759
文教、工美、体育和娱乐用品制造业	14718	1616999	17495876	4184720
石油加工、炼焦和核燃料加工业	4687	2689478	71557962	1450059
化学原料和化学制品制造业	65955	13166722	224268537	16614765
医药制造业	54424	9834064	72132704	6946426
化学纤维制造业	5541	1688915	27399283	1917297
橡胶和塑料制品业	52950	6283063	74277650	12499307
非金属矿物制品业	55879	8931866	115256970	4725236
黑色金属冶炼和压延加工业	16769	13800839	182601503	7193945
有色金属冶炼和压延加工业	21257	7645682	149875074	5777658
金属制品业	67154	8448055	103761045	10604785
通用设备制造业	104898	13563723	139022304	15721040
专用设备制造业	95382	13664491	120742512	14612476
汽车制造业	54345	14616841	201460219	21482051
铁路、船舶、航空航天和其他运输设备制造业	23672	4266237	48921140	10502136
电气机械和器材制造业	115113	27097438	395722069	59703503
计算机、通信和其他电子设备制造业	112574	45208999	409757611	118943917
仪器仪表制造业	32622	4391786	31186951	3426524
其他制造业	4905	417041	4372135	802711
废弃资源综合利用业	3010	718610	13820495	111601
金属制品、机械和设备修理业	1395	215763	1802724	576698
电力、热力、燃气及水生产和供应业	**13473**	**2469391**	**10732770**	**110631**
电力、热力生产和供应业	10695	1980497	7486972	84778
燃气生产和供应业	1129	250242	1855740	22454
水的生产和供应业	1649	238651	1390059	3399

2-6-9　分行业港澳台商投资工业企业新产品开发及销售情况

单位：万元

行　　业	新产品开发项目数（项）	新产品开发经费支出	新产品销售收入	#出口
合　计	**66855**	**24912212**	**352470969**	**112757495**
采矿业	**288**	**167898**	**773592**	
煤炭开采和洗选业	150	37543	515561	
石油和天然气开采业	37	103277		
黑色金属矿采选业	32	14662	103809	
有色金属矿采选业	24	2852	17393	
非金属矿采选业	24	1580	24973	
开采及其他辅助性活动	21	7984	111857	
制造业	**65706**	**24573740**	**346008777**	**112757495**
农副食品加工业	964	197471	3928702	113487
食品制造业	1426	242527	1967009	348610
酒、饮料和精制茶制造业	372	68681	481732	22044
烟草制品业	30	2911	54338	23129
纺织业	2384	487988	6311874	1750507
纺织服装、服饰业	995	221291	4277387	1237310
皮革、毛皮、羽毛及其制品和制鞋业	875	170555	2418188	547563
木材加工和木、竹、藤、棕、草制品业	155	21842	191030	56687
家具制造业	861	138386	1711437	448832
造纸和纸制品业	1245	515199	8850447	351283
印刷和记录媒介复制业	837	138935	2087678	719251
文教、工美、体育和娱乐用品制造业	1589	240620	2962926	1661211
石油加工、炼焦和核燃料加工业	321	151065	672448	201164
化学原料和化学制品制造业	4078	924297	12779814	1128365
医药制造业	4311	2182637	13150386	1395805
化学纤维制造业	517	216032	5096689	330640
橡胶和塑料制品业	4141	845419	10511215	3122461
非金属矿物制品业	1801	551081	9718164	1025174
黑色金属冶炼和压延加工业	844	668237	9114150	187621
有色金属冶炼和压延加工业	769	328901	7020172	416158
金属制品业	3494	578809	7361602	3122432
通用设备制造业	4297	979573	9181357	2426237
专用设备制造业	5250	1328427	11292723	2598731
汽车制造业	3129	3156325	55037564	6580493
铁路、船舶、航空航天和其他运输设备制造业	944	283568	3958830	1352242
电气机械和器材制造业	6821	2337938	38505280	11881382
计算机、通信和其他电子设备制造业	11227	7162093	114233993	69004635
仪器仪表制造业	1438	364767	2385597	562488
其他制造业	314	33217	351655	132390
废弃资源综合利用业	87	13662	246311	
金属制品、机械和设备修理业	190	21290	148079	9169
电力、热力、燃气及水生产和供应业	**861**	**170575**	**5688599**	
电力、热力生产和供应业	519	110687	759431	
燃气生产和供应业	228	40105	4836008	
水的生产和供应业	114	19783	93160	

2-6-10　分行业外商投资工业企业新产品开发及销售情况

单位：万元

行　　业	新产品开发项目数（项）	新产品开发经费支出	新产品销售收入	#出口
合　计	**68136**	**27157556**	**349066856**	**101061311**
采矿业	**86**	**59862**	**150045**	**4575**
煤炭开采和洗选业	36	25337		
石油和天然气开采业	18	27859		
黑色金属矿采选业	1	38		
有色金属矿采选业	11	788	33935	
非金属矿采选业	12	2292	116110	4575
开采及其他辅助性活动	8	3549		
制造业	**67552**	**26955667**	**346456833**	**101056736**
农副食品加工业	951	257730	5295880	304658
食品制造业	1537	311044	4586310	152520
酒、饮料和精制茶制造业	548	74121	827863	29391
烟草制品业	1	1612	2180	
纺织业	960	155111	2044424	587588
纺织服装、服饰业	626	104426	1633480	464750
皮革、毛皮、羽毛及其制品和制鞋业	388	88254	976373	166878
木材加工和木、竹、藤、棕、草制品业	127	16595	250228	21010
家具制造业	371	52245	525639	339107
造纸和纸制品业	623	304236	6506375	1051793
印刷和记录媒介复制业	288	58997	754371	216344
文教、工美、体育和娱乐用品制造业	809	113166	1135963	705225
石油加工、炼焦和核燃料加工业	127	33984	437771	117750
化学原料和化学制品制造业	3759	1076812	12980837	2071694
医药制造业	4058	1277139	4051716	659362
化学纤维制造业	264	95059	2030050	102453
橡胶和塑料制品业	2542	483292	5284343	1272579
非金属矿物制品业	1370	353901	4245751	813675
黑色金属冶炼和压延加工业	1211	620958	5004380	122149
有色金属冶炼和压延加工业	603	328801	8784369	594119
金属制品业	2691	475528	5532703	1769923
通用设备制造业	7836	2045899	25613397	4885320
专用设备制造业	6568	1708527	12967299	3832883
汽车制造业	10122	7139734	101118636	10092113
铁路、船舶、航空航天和其他运输设备制造业	1269	403474	6146885	3338488
电气机械和器材制造业	5629	2096961	29091389	8050797
计算机、通信和其他电子设备制造业	9740	6681341	93255166	57463936
仪器仪表制造业	2018	417848	3971450	804714
其他制造业	226	113859	1216219	960582
废弃资源综合利用业	26	2586	60854	
金属制品、机械和设备修理业	264	62430	124534	64935
电力、热力、燃气及水生产和供应业	**498**	**142027**	**2459979**	
电力、热力生产和供应业	118	29729	391992	
燃气生产和供应业	330	107972	2042061	
水的生产和供应业	50	4326	25925	

2-6-11 各地区工业企业新产品开发及销售情况

单位：万元

地　区	新产品开发项目数(项)	新产品开发经费支出	新产品销售收入	#出口
全　国	**1204643**	**275638464**	**3413340364**	**554797551**
东部地区	853468	195095519	2297578115	442478866
中部地区	208864	48266845	751487065	81848618
西部地区	112332	25271574	290635691	22822741
东北地区	29979	7004526	73639493	7647326
北　京	18031	7032647	56484637	8982306
天　津	17475	3060245	41246491	6385926
河　北	39967	9014152	111738833	11013762
山　西	8629	1909004	33068331	4210583
内蒙古	5477	1949972	25748596	1320288
辽　宁	17457	3927147	44915467	6311439
吉　林	5287	2138062	18184662	840264
黑龙江	7235	939316	10539364	495623
上　海	29520	12572812	103849988	17792835
江　苏	141304	40743988	495617097	114808572
浙　江	207990	29587234	418362856	82909771
安　徽	45238	11570656	195925423	22760235
福　建	35207	9216778	77141442	16641154
江　西	38801	6785937	124701285	16547101
山　东	120033	24971529	471245878	53348886
河　南	30162	6115299	94255387	25187682
湖　北	32209	10682056	147224070	5771171
湖　南	53825	11203893	156312569	7371846
广　东	241406	58461092	518774584	130155246
广　西	12372	2368579	29752124	1971036
海　南	2535	435042	3116309	440408
重　庆	23069	5534886	75867349	12903945
四　川	32723	5926139	60814817	3389225
贵　州	5920	836460	11072480	477236
云　南	7108	1872295	22045901	253018
西　藏	118	13731	146836	
陕　西	16419	3459332	32682050	1600948
甘　肃	2830	631067	13770262	597185
青　海	364	211329	2056030	22957
宁　夏	2699	802872	8138665	156921
新　疆	3233	1664914	8540581	129984

2-6-12 各地区大型工业企业新产品开发及销售情况

单位：万元

地　区	新产品开发项目数(项)	新产品开发经费支出	新产品销售收入	#出口
全　国	**143999**	**120604281**	**1682742345**	**376023156**
东部地区	87799	87048405	1135302033	287669865
中部地区	25903	17970717	333834392	66382378
西部地区	24307	11618312	169674095	16813346
东北地区	5990	3966848	43931826	5157566
北　京	2774	3398207	33862280	7400517
天　津	2632	1128670	19771931	4214012
河　北	4942	4742442	66522743	8057719
山　西	2266	1045420	22432282	3552083
内蒙古	1814	1137597	18891350	903088
辽　宁	3623	1869463	23856913	4098221
吉　林	909	1632732	13351732	696286
黑龙江	1458	464652	6723182	363059
上　海	4664	6609073	58586061	12272075
江　苏	16171	14479133	236933745	81117939
浙　江	14553	8765030	159560949	38955663
安　徽	5161	5031870	96541806	17146024
福　建	4938	4166642	38756904	11121733
江　西	3235	2119984	48408966	13344615
山　东	15304	10251408	203054974	33131652
河　南	5471	2519844	61111514	23463100
湖　北	4439	4120665	51747789	3681407
湖　南	5331	3132934	53592035	5195149
广　东	21362	33352841	316134585	91014266
广　西	2659	1229205	18386865	931242
海　南	459	154961	2117863	384289
重　庆	4101	2205873	39301483	10747652
四　川	7586	2543196	34259088	2241114
贵　州	1385	309021	6638654	261417
云　南	1645	739664	12174420	89563
西　藏	1	2		
陕　西	2837	1753243	19675826	1004629
甘　肃	765	312874	8947889	486574
青　海	69	103704	736871	13217
宁　夏	390	210129	6190535	22848
新　疆	1055	1073804	4471113	112001

2−6−13 各地区中型工业企业新产品开发及销售情况

单位：万元

地　区	新产品开发项目数（项）	新产品开发经费支出	新产品销售收入	#出口
全　国	**229519**	**62453794**	**804822351**	**99830274**
东部地区	157987	44206561	562658886	85791057
中部地区	37967	10749436	163316600	8652768
西部地区	27435	6199619	63645168	3847465
东北地区	6130	1298178	15201696	1538985
北　京	5193	1932983	9974533	690117
天　津	3935	879115	12047138	1320449
河　北	6892	1765242	21010576	1859231
山　西	1871	434907	6616880	488231
内蒙古	1542	503272	4493738	381772
辽　宁	3505	903152	10734582	1457446
吉　林	1301	226835	2868502	66012
黑龙江	1324	168192	1598612	15526
上　海	6671	2794489	25299482	3709672
江　苏	27851	10467255	129410089	20073162
浙　江	35083	7963409	121029275	22374346
安　徽	8416	2516432	42491970	3080715
福　建	8780	2196774	22352191	3460794
江　西	6316	1533017	26364706	1797212
山　东	19416	5579194	125056580	11014773
河　南	5937	1520856	16814733	1105722
湖　北	6515	2483646	38995500	1097112
湖　南	8912	2260578	32032811	1083777
广　东	43549	10495515	96073651	21255547
广　西	2677	530939	6359256	724868
海　南	617	132585	405372	32967
重　庆	6586	1572181	18935220	1309843
四　川	7569	1451513	14174415	606545
贵　州	1393	220312	2449670	149843
云　南	1717	489240	5387326	96255
西　藏	48	7604	70241	
陕　西	3887	662637	5717415	396538
甘　肃	549	111938	1723163	69446
青　海	81	72829	1027231	9739
宁　夏	781	307025	1109630	95673
新　疆	605	270130	2197865	6944

2-6-14 各地区国有控股工业企业新产品开发及销售情况

单位：万元

地 区	新产品开发项目数(项)	新产品开发经费支出	新产品销售收入	#出口
全 国	**125612**	**51769181**	**630486722**	**64039913**
东部地区	56146	28348354	341789063	38845217
中部地区	28783	11056440	146284260	14387372
西部地区	33173	9298196	111280849	7589531
东北地区	7510	3066191	31132549	3217793
北 京	5784	2173300	18515104	920613
天 津	3500	635686	8934547	794719
河 北	4762	1914741	27724232	1973570
山 西	2783	888142	13567524	1158381
内蒙古	1426	722999	6829844	600432
辽 宁	4331	1113710	14915986	2797293
吉 林	1165	1552616	11445311	173877
黑龙江	2014	399865	4771252	246623
上 海	5598	4957722	49673766	7049790
江 苏	9065	3598326	46907142	7212161
浙 江	4148	1222124	16425596	1433967
安 徽	5253	2137414	36213961	5634932
福 建	2565	1233699	13593109	1397000
江 西	3190	1084375	18602624	2864647
山 东	11815	5034930	93489989	8674647
河 南	5244	1509332	13982067	1176685
湖 北	5561	3078182	27671503	2003667
湖 南	6752	2358996	36246582	1549061
广 东	8574	7516740	66377132	9388749
广 西	3234	985977	10869678	979066
海 南	335	61085	148447	
重 庆	5553	1856117	24558170	2445900
四 川	8050	2113218	26147741	1676949
贵 州	2278	327601	7058905	215327
云 南	2845	720740	7637337	120113
西 藏	26	5228	70241	
陕 西	6349	1288297	12130826	1130540
甘 肃	1503	400071	9805370	367697
青 海	86	51845	529268	11996
宁 夏	639	169747	3323408	20560
新 疆	1184	656356	2320062	20951

2-6-15 各地区内资工业企业新产品开发及销售情况

单位：万元

地区	新产品开发项目数(项)	新产品开发经费支出	新产品销售收入	#出口
全国	**1069652**	**223568696**	**2711802539**	**340978745**
东部地区	739371	151426949	1729343839	272563943
中部地区	197838	44132736	661991796	48753078
西部地区	106068	22796629	259259346	13600954
东北地区	26375	5212382	61207558	6060771
北京	15047	4950626	26742492	1436216
天津	14993	2488104	32542806	3031598
河北	37142	7203678	85516222	5621037
山西	8377	1846449	30466668	2965832
内蒙古	5090	1821247	23377947	1196792
辽宁	14639	2742900	34879046	4754265
吉林	4707	1562798	15866561	814580
黑龙江	7029	906684	10461950	491926
上海	21399	7491231	50098690	10768912
江苏	116090	30272515	363589647	64147991
浙江	189229	24245573	349738037	68063152
安徽	42024	10537694	172915282	16200811
福建	29133	7352398	57082401	8756178
江西	36682	6027423	110069958	12815392
山东	110053	22083395	407279873	37792068
河南	29021	5790130	72416209	8329673
湖北	30043	9615798	132684575	4344360
湖南	51691	10315242	143439104	4097010
广东	204022	44989471	354870531	72703283
广西	11368	1899862	22818047	1412174
海南	2263	349960	1883142	243507
重庆	21093	4646647	60077830	5029129
四川	31086	5515305	57529090	2871030
贵州	5750	804981	10830307	468660
云南	6837	1822976	21592961	221841
西藏	116	12986	131726	
陕西	15784	3099594	31876228	1536304
甘肃	2793	625450	13742928	595802
青海	362	211127	2056030	22957
宁夏	2603	773214	7991739	117162
新疆	3186	1563241	7234514	129104

2-6-16 各地区港澳台商投资工业企业新产品开发及销售情况

单位：万元

地　　区	新产品开发项目数(项)	新产品开发经费支出	新产品销售收入	#出口
全　　国	**66855**	**24912212**	**352470969**	**112757495**
东部地区	58076	21598244	290172462	83801850
中部地区	5546	2036748	52470648	27958643
西部地区	2454	871903	7603642	724339
东北地区	779	405318	2224217	272663
北　　京	1039	1161146	19577815	6803372
天　　津	885	179783	3419440	944815
河　　北	1059	1173048	19774682	3989297
山　　西	78	6480	2082812	1177043
内 蒙 古	182	92735	389630	57340
辽　　宁	575	346704	1878252	260949
吉　　林	84	31675	295600	8351
黑 龙 江	120	26940	50365	3362
上　　海	2813	1309998	10051536	2679791
江　　苏	9753	4868144	60720847	24687780
浙　　江	9055	2782605	33970578	6490613
安　　徽	1746	490134	12136548	4863818
福　　建	3934	1235461	14765803	6274230
江　　西	1085	357245	7560723	2376631
山　　东	4421	1247777	30856683	3450306
河　　南	549	113462	17428054	16413677
湖　　北	706	440596	3609045	118755
湖　　南	1382	628831	9653465	3008720
广　　东	24992	7611931	96879795	28452034
广　　西	314	60760	605523	65299
海　　南	125	28352	155282	29613
重　　庆	702	379614	4205670	438243
四　　川	761	226117	1769244	122315
贵　　州	101	16734	142057	4693
云　　南	147	32109	246105	30475
西　　藏				
陕　　西	171	40892	171050	5266
甘　　肃	10	209	189	
青　　海	2	202		
宁　　夏	31	16962	45649	468
新　　疆	33	5570	28526	242

2-6-17 各地区外商投资工业企业新产品开发及销售情况

单位：万元

地区	新产品开发项目数(项)	新产品开发经费支出	新产品销售收入	#出口
全国	**68136**	**27157556**	**349066856**	**101061311**
东部地区	56021	22070326	278061814	86113073
中部地区	5480	2097362	37024621	5136898
西部地区	3810	1603042	23772704	8497448
东北地区	2825	1386826	10207717	1313893
北京	1945	920876	10164331	742718
天津	1597	392359	5284245	2409512
河北	1766	637426	6447929	1403428
山西	174	56075	518851	67709
内蒙古	205	35990	1981019	66155
辽宁	2243	837544	8158168	1296224
吉林	496	543589	2022501	17333
黑龙江	86	5693	27048	336
上海	5308	3771583	43699762	4344131
江苏	15461	5603330	71306603	25972802
浙江	9706	2559056	34654242	8356006
安徽	1468	542829	10873593	1695606
福建	2140	628920	5293239	1610746
江西	1034	401270	7070603	1355078
山东	5559	1640358	33109322	12106513
河南	592	211706	4411124	444332
湖北	1460	625662	10930450	1308057
湖南	752	259820	3220000	266116
广东	12392	5859689	67024258	28999930
广西	690	407957	6328555	493563
海南	147	56730	1077885	167288
重庆	1274	508626	11583849	7436573
四川	876	184718	1516484	395880
贵州	69	14745	100117	3884
云南	124	17211	206835	703
西藏	2	745	15110	
陕西	464	318845	634771	59379
甘肃	27	5408	27146	1383
青海				
宁夏	65	12696	101277	39291
新疆	14	96103	1277541	638

第二部分
工业企业研发活动情况

7

工业企业自主知识产权及相关情况

(2023)

2-7-1　分登记注册统计类别工业企业自主知识产权及相关情况

登记注册统计类别	专　利 申请数 (件)	#发明 专利	有　效 发　明 专利数 (件)	拥　有 注　册 商标数 (件)	形成国家 或行业 标准数 (项)
合　计	**1565960**	**613602**	**2227602**	**1494057**	**50424**
内资企业	**1364273**	**527996**	**1900810**	**1254063**	**44726**
有限责任公司	1052619	376668	1383927	821759	29011
股份有限公司	303740	147744	505901	424051	15417
非公司企业法人	5940	3195	9296	5284	263
个人独资企业	1441	256	1177	1869	29
合伙企业	522	131	496	1098	6
港澳台商投资	**102724**	**41888**	**165138**	**126652**	**3119**
港澳台投资有限责任公司	66036	24448	99311	75144	2205
港澳台投资股份有限公司	33704	15913	58547	49411	853
港澳台投资合伙企业	1869	1163	6339	1215	23
其他港澳台投资企业	1115	364	941	882	38
外商投资	**98963**	**43718**	**161654**	**113342**	**2579**
外商投资有限责任公司	70472	29151	113555	64003	1750
外商投资股份有限公司	25264	13001	44194	47718	790
外商投资合伙企业	850	292	1271	500	17
其他外商投资企业	2377	1274	2634	1121	22

2-7-2　分登记注册统计类别大型工业企业自主知识产权及相关情况

登记注册统计类别	专利申请数（件）	#发明专利	有效发明专利数（件）	拥有注册商标数（件）	形成国家或行业标准数（项）
合　计	**499876**	**289467**	**935367**	**511289**	**13961**
内资企业	**406094**	**240257**	**763324**	**396027**	**11630**
有限责任公司	242130	148166	484605	201754	5975
股份有限公司	160318	89739	272385	190256	5499
非公司企业法人	3636	2352	6332	4009	153
个人独资企业	10		2	8	3
合伙企业					
港澳台商投资	**50942**	**24939**	**93349**	**53635**	**1184**
港澳台投资有限责任公司	24302	11835	44263	25252	785
港澳台投资股份有限公司	25177	12144	43645	27700	382
港澳台投资合伙企业	895	726	5095	434	9
其他港澳台投资企业	568	234	346	249	8
外商投资	**42840**	**24271**	**78694**	**61627**	**1147**
外商投资有限责任公司	28383	17145	53684	30689	620
外商投资股份有限公司	13485	6501	22798	30779	512
外商投资合伙企业	242	112	268	48	7
其他外商投资企业	730	513	1944	111	8

2-7-3　分登记注册统计类别中型工业企业自主知识产权及相关情况

登记注册统计类别	专　利 申请数 （件）	#发明 专利	有　效 发　明 专利数 （件）	拥　有 注　册 商标数 （件）	形成国家 或行业 标准数 （项）
合　计	**286508**	**109774**	**379860**	**354932**	**17576**
内资企业	**239152**	**91579**	**307741**	**290416**	**15508**
有限责任公司	166833	60815	193223	158884	9502
股份有限公司	71017	30288	113050	129882	5960
非公司企业法人	1114	446	1191	612	40
个人独资企业	106	17	201	572	2
合伙企业	82	13	76	466	4
港澳台商投资	**23562**	**8526**	**34065**	**40602**	**1241**
港澳台投资有限责任公司	17315	5902	24586	23820	894
港澳台投资股份有限公司	5416	2298	8459	15846	308
港澳台投资合伙企业	554	273	794	661	9
其他港澳台投资企业	277	53	226	275	30
外商投资	**23794**	**9669**	**38054**	**23914**	**827**
外商投资有限责任公司	15782	4922	23424	12328	607
外商投资股份有限公司	7358	4513	13789	10999	208
外商投资合伙企业	263	83	518	413	7
其他外商投资企业	391	151	323	174	5

2-7-4 分行业工业企业自主知识产权及相关情况

行 业	专利申请数(件)	#发明专利	有效发明专利数(件)	拥有注册商标数(件)	形成国家或行业标准数(项)
合 计	**1565960**	**613602**	**2227602**	**1494057**	**50424**
采矿业	**19326**	**9643**	**23704**	**1992**	**448**
煤炭开采和洗选业	6614	2128	3769	651	57
石油和天然气开采业	5247	3849	9071	2	192
黑色金属矿采选业	1567	719	3103	396	28
有色金属矿采选业	1683	463	1633	259	24
非金属矿采选业	1670	478	1465	498	20
开采及其他辅助性活动	2542	2003	4660	186	127
制造业	**1488008**	**562766**	**2130386**	**1489176**	**48468**
农副食品加工业	16990	4610	20586	47854	576
食品制造业	15884	5204	23987	95349	696
酒、饮料和精制茶制造业	6457	1617	6961	70848	269
烟草制品业	11044	4060	10651	28179	132
纺织业	21268	4909	22655	20898	772
纺织服装、服饰业	8824	1622	7054	29367	347
皮革、毛皮、羽毛及其制品和制鞋业	8367	1152	5205	14179	214
木材加工和木、竹、藤、棕、草制品业	5774	1376	5478	7702	435
家具制造业	17590	2358	10191	22460	365
造纸和纸制品业	10689	2324	11963	12612	328
印刷和记录媒介复制业	10655	2307	12245	4263	233
文教、工美、体育和娱乐用品制造业	17635	2720	14228	33462	500
石油加工、炼焦和核燃料加工业	5266	2098	7921	3781	126
化学原料和化学制品制造业	66480	28055	113474	144633	4269
医药制造业	34308	17766	81600	167932	3959
化学纤维制造业	5194	1743	7523	5249	494
橡胶和塑料制品业	54614	12981	60608	43693	1692
非金属矿物制品业	61783	16490	68978	36738	2036
黑色金属冶炼和压延加工业	26053	11221	31917	4002	622
有色金属冶炼和压延加工业	25074	8299	31028	11179	1230
金属制品业	69091	15528	74624	42594	1823
通用设备制造业	136327	41253	169207	76044	5334
专用设备制造业	146402	50378	187218	97969	3700
汽车制造业	108329	44398	107857	69613	1780
铁路、船舶、航空航天和其他运输设备制造业	29716	10567	40155	15000	707
电气机械和器材制造业	239281	86380	271989	130203	6458
计算机、通信和其他电子设备制造业	271007	160017	652396	215119	6527
仪器仪表制造业	45748	17801	59786	29527	2568
其他制造业	5512	1327	5511	7412	83
废弃资源综合利用业	4435	1570	5283	1023	153
金属制品、机械和设备修理业	2211	635	2107	292	40
电力、热力、燃气及水生产和供应业	**58626**	**41193**	**73512**	**2889**	**1508**
电力、热力生产和供应业	54785	40126	69637	1284	1356
燃气生产和供应业	1491	343	1293	543	45
水的生产和供应业	2350	724	2582	1062	107

2-7-5 分行业大型工业企业自主知识产权及相关情况

行业	专利申请数(件)	#发明专利	有效发明专利数(件)	拥有注册商标数(件)	形成国家或行业标准数(项)
合计	**499876**	**289467**	**935367**	**511289**	**13961**
采矿业	**13960**	**8038**	**18482**	**1105**	**401**
煤炭开采和洗选业	5363	1776	2970	595	55
石油和天然气开采业	5045	3766	8817	1	186
黑色金属矿采选业	875	512	2312	335	23
有色金属矿采选业	379	128	492	26	14
非金属矿采选业	224	83	156	123	4
开采及其他辅助性活动	2074	1773	3735	25	119
制造业	**444483**	**246760**	**855271**	**509404**	**12295**
农副食品加工业	581	144	879	7501	45
食品制造业	2630	1037	4577	28420	130
酒、饮料和精制茶制造业	1481	389	1377	37052	97
烟草制品业	8879	3594	9001	24560	112
纺织业	1959	649	2641	5576	96
纺织服装、服饰业	1712	323	1530	11268	142
皮革、毛皮、羽毛及其制品和制鞋业	1728	238	867	7518	132
木材加工和木、竹、藤、棕、草制品业	91	44	108	15	2
家具制造业	5834	709	1315	8738	157
造纸和纸制品业	1138	370	2150	2880	97
印刷和记录媒介复制业	407	122	538	241	14
文教、工美、体育和娱乐用品制造业	2288	299	1556	10408	33
石油加工、炼焦和核燃料加工业	2632	1328	4788	632	78
化学原料和化学制品制造业	8110	4565	12014	20131	744
医药制造业	6948	5552	18995	56066	1371
化学纤维制造业	1697	619	2479	1499	250
橡胶和塑料制品业	5335	1553	5977	10752	344
非金属矿物制品业	6267	2148	7663	8592	276
黑色金属冶炼和压延加工业	18763	9290	24005	1896	472
有色金属冶炼和压延加工业	7225	2568	8367	5076	601
金属制品业	5255	1401	5810	6526	273
通用设备制造业	22338	10018	35692	14035	1221
专用设备制造业	24130	10439	33378	16184	506
汽车制造业	50511	29636	44726	49562	836
铁路、船舶、航空航天和其他运输设备制造业	9962	5019	16452	4883	370
电气机械和器材制造业	109427	51584	136729	47058	2623
计算机、通信和其他电子设备制造业	129420	99166	461496	118452	1109
仪器仪表制造业	5649	3028	7927	3025	143
其他制造业	1026	454	806	805	
废弃资源综合利用业	299	195	649	15	1
金属制品、机械和设备修理业	761	279	779	38	20
电力、热力、燃气及水生产和供应业	**41433**	**34669**	**61614**	**780**	**1265**
电力、热力生产和供应业	40893	34420	61061	494	1220
燃气生产和供应业	255	115	318	226	21
水的生产和供应业	285	134	235	60	24

2-7-6 分行业中型工业企业自主知识产权及相关情况

行业	专利申请数(件)	#发明专利	有效发明专利数(件)	拥有注册商标数(件)	形成国家或行业标准数(项)
合　计	**286508**	**109774**	**379860**	**354932**	**17576**
采矿业	**2524**	**828**	**2358**	**331**	**16**
煤炭开采和洗选业	1000	322	571	47	2
石油和天然气开采业	95	53	55		
黑色金属矿采选业	366	103	530	9	2
有色金属矿采选业	625	170	489	28	5
非金属矿采选业	246	65	277	132	6
开采及其他辅助性活动	189	112	433	115	1
制造业	**276498**	**105535**	**373269**	**353455**	**17465**
农副食品加工业	2131	721	3519	9547	166
食品制造业	2735	942	4985	21282	177
酒、饮料和精制茶制造业	891	234	1315	12776	59
烟草制品业	1281	198	682	1588	7
纺织业	4469	1123	5445	6174	342
纺织服装、服饰业	2267	425	1970	11101	139
皮革、毛皮、羽毛及其制品和制鞋业	1535	240	1352	2500	48
木材加工和木、竹、藤、棕、草制品业	903	294	1247	3427	317
家具制造业	3699	419	1946	5377	104
造纸和纸制品业	2104	515	2416	4766	142
印刷和记录媒介复制业	1959	519	2746	1470	123
文教、工美、体育和娱乐用品制造业	3944	546	2709	8198	212
石油加工、炼焦和核燃料加工业	799	252	972	980	9
化学原料和化学制品制造业	13497	7097	29023	48750	1429
医药制造业	8223	4891	25465	51653	1431
化学纤维制造业	774	279	1153	749	106
橡胶和塑料制品业	8255	2553	10969	8283	432
非金属矿物制品业	11044	3544	14312	8025	587
黑色金属冶炼和压延加工业	2476	823	2953	756	50
有色金属冶炼和压延加工业	5145	2064	6198	1829	251
金属制品业	12459	3400	14310	11296	619
通用设备制造业	24257	8423	28931	18088	1913
专用设备制造业	31174	12441	38724	27072	1233
汽车制造业	18270	5615	22187	7631	448
铁路、船舶、航空航天和其他运输设备制造业	6438	2089	7719	3451	154
电气机械和器材制造业	37789	12285	40317	27726	2038
计算机、通信和其他电子设备制造业	54007	27573	81419	37512	3985
仪器仪表制造业	11982	5392	16679	8613	881
其他制造业	1078	199	798	2567	27
废弃资源综合利用业	529	275	470	235	24
金属制品、机械和设备修理业	384	164	338	33	12
电力、热力、燃气及水生产和供应业	**7486**	**3411**	**4233**	**1146**	**95**
电力、热力生产和供应业	6709	3221	3421	361	64
燃气生产和供应业	387	56	291	212	3
水的生产和供应业	390	134	521	573	28

2-7-7 分行业国有控股工业企业自主知识产权及相关情况

行业	专利申请数(件)	#发明专利	有效发明专利数(件)	拥有注册商标数(件)	形成国家或行业标准数(项)
合计	**271262**	**166990**	**473140**	**195843**	**10160**
采矿业	**15732**	**8589**	**19302**	**1378**	**425**
煤炭开采和洗选业	6041	2016	3454	548	52
石油和天然气开采业	4961	3673	8160	2	192
黑色金属矿采选业	938	545	2451	369	27
有色金属矿采选业	1030	296	911	176	21
非金属矿采选业	596	208	470	247	14
开采及其他辅助性活动	2163	1848	3853	36	119
制造业	**201416**	**118274**	**384429**	**192673**	**8299**
农副食品加工业	570	129	753	1378	29
食品制造业	1160	463	2439	10167	103
酒、饮料和精制茶制造业	1435	398	1468	29727	74
烟草制品业	7790	3475	9195	25406	122
纺织业	495	133	556	227	76
纺织服装、服饰业	219	48	358	316	8
皮革、毛皮、羽毛及其制品和制鞋业	222	32	186	129	22
木材加工和木、竹、藤、棕、草制品业	118	24	263	574	19
家具制造业	145	27	363	217	14
造纸和纸制品业	418	116	710	807	44
印刷和记录媒介复制业	673	195	1132	383	40
文教、工美、体育和娱乐用品制造业	299	37	169	379	30
石油加工、炼焦和核燃料加工业	2450	1409	5087	1448	75
化学原料和化学制品制造业	10029	5586	16448	10102	674
医药制造业	3433	1766	8521	25469	843
化学纤维制造业	691	371	1605	956	107
橡胶和塑料制品业	1783	684	2584	1333	134
非金属矿物制品业	7714	2817	10593	4607	318
黑色金属冶炼和压延加工业	12814	7545	20464	1348	266
有色金属冶炼和压延加工业	7534	3307	10463	2499	424
金属制品业	4861	1974	7723	1096	342
通用设备制造业	13947	6636	22245	6542	757
专用设备制造业	16065	7812	25713	6023	721
汽车制造业	35273	22312	34302	31053	623
铁路、船舶、航空航天和其他运输设备制造业	9880	5816	19727	862	359
电气机械和器材制造业	11233	5455	18589	4877	1173
计算机、通信和其他电子设备制造业	44606	36920	155501	22931	525
仪器仪表制造业	3683	2081	5284	1203	302
其他制造业	175	53	179	422	15
废弃资源综合利用业	514	208	708	145	28
金属制品、机械和设备修理业	1187	445	1101	47	32
电力、热力、燃气及水生产和供应业	**54114**	**40127**	**69409**	**1792**	**1436**
电力、热力生产和供应业	52070	39544	67701	734	1343
燃气生产和供应业	632	159	482	271	15
水的生产和供应业	1412	424	1226	787	78

2-7-8 分行业内资工业企业自主知识产权及相关情况

行业	专利申请数（件）	#发明专利	有效发明专利数（件）	拥有注册商标数（件）	形成国家或行业标准数（项）
合　计	**1364273**	**527996**	**1900810**	**1254063**	**44726**
采矿业	**18622**	**9350**	**22464**	**1970**	**443**
煤炭开采和洗选业	6351	2061	3602	645	56
石油和天然气开采业	4991	3685	8260	2	192
黑色金属矿采选业	1509	695	3091	396	28
有色金属矿采选业	1625	443	1620	253	24
非金属矿采选业	1629	469	1420	492	17
开采及其他辅助性活动	2514	1994	4468	182	126
制造业	**1289412**	**478318**	**1806329**	**1249471**	**42821**
农副食品加工业	15981	4362	19331	41525	522
食品制造业	13823	4480	20688	78516	622
酒、饮料和精制茶制造业	6032	1538	6553	65491	249
烟草制品业	10976	4052	10567	28169	132
纺织业	18676	4221	19083	16415	610
纺织服装、服饰业	7038	1288	5267	24442	271
皮革、毛皮、羽毛及其制品和制鞋业	7417	983	4414	12874	165
木材加工和木、竹、藤、棕、草制品业	5573	1300	5194	7420	350
家具制造业	14800	1944	9459	20951	334
造纸和纸制品业	8979	1858	9341	9344	241
印刷和记录媒介复制业	9443	2023	10474	3642	194
文教、工美、体育和娱乐用品制造业	15162	2370	11792	27571	432
石油加工、炼焦和核燃料加工业	4932	1946	7366	3334	113
化学原料和化学制品制造业	60813	25314	100574	122995	3840
医药制造业	29081	14000	68781	141495	3485
化学纤维制造业	4468	1560	6545	4748	437
橡胶和塑料制品业	48536	11528	53122	33217	1534
非金属矿物制品业	57971	15303	63788	33322	1888
黑色金属冶炼和压延加工业	23881	9943	28401	3723	567
有色金属冶炼和压延加工业	23731	7904	29162	9830	1034
金属制品业	62988	14285	66521	37426	1639
通用设备制造业	120542	36101	146285	66126	4602
专用设备制造业	128394	42581	158591	77780	3189
汽车制造业	82816	33327	84797	44161	1473
铁路、船舶、航空航天和其他运输设备制造业	26637	9745	37149	12875	632
电气机械和器材制造业	207178	74988	224977	109083	5606
计算机、通信和其他电子设备制造业	221643	130291	533900	179540	6074
仪器仪表制造业	41349	16192	52960	26104	2331
其他制造业	4291	779	4328	6152	71
废弃资源综合利用业	4279	1528	4963	938	145
金属制品、机械和设备修理业	1982	584	1956	262	39
电力、热力、燃气及水生产和供应业	**56239**	**40328**	**72017**	**2622**	**1462**
电力、热力生产和供应业	53161	39468	68844	1264	1335
燃气生产和供应业	940	199	785	332	22
水的生产和供应业	2138	661	2388	1026	105

2-7-9 分行业港澳台商投资工业企业自主知识产权及相关情况

行业	专利申请数（件）	#发明专利	有效发明专利数（件）	拥有注册商标数（件）	形成国家或行业标准数（项）
合 计	**102724**	**41888**	**165138**	**126652**	**3119**
采矿业	**435**	**161**	**484**	**17**	**1**
煤炭开采和洗选业	238	63	155	5	1
石油和天然气开采业	61	50	117		
黑色金属矿采选业	56	24	8		
有色金属矿采选业	37	13	10	6	
非金属矿采选业	22	4	7	3	
开采及其他辅助性活动	21	7	187	3	
制造业	**100811**	**41103**	**163700**	**126460**	**3084**
农副食品加工业	398	135	595	1653	18
食品制造业	1045	428	1729	8301	49
酒、饮料和精制茶制造业	209	50	148	3571	14
烟草制品业	57	8	84	10	
纺织业	1867	485	2612	2665	144
纺织服装、服饰业	768	151	1276	3259	67
皮革、毛皮、羽毛及其制品和制鞋业	655	110	529	707	35
木材加工和木、竹、藤、棕、草制品业	146	60	91	91	76
家具制造业	1631	298	431	652	29
造纸和纸制品业	1288	354	1465	1960	52
印刷和记录媒介复制业	915	189	1388	580	39
文教、工美、体育和娱乐用品制造业	1609	257	1834	4021	43
石油加工、炼焦和核燃料加工业	267	138	485	330	11
化学原料和化学制品制造业	2693	1261	6210	11318	197
医药制造业	2944	2168	6972	13416	337
化学纤维制造业	358	117	589	321	35
橡胶和塑料制品业	3654	945	4721	8121	91
非金属矿物制品业	2024	530	2812	1843	92
黑色金属冶炼和压延加工业	1145	602	554	230	21
有色金属冶炼和压延加工业	766	179	1019	1052	85
金属制品业	3253	635	4068	3227	76
通用设备制造业	5603	1895	7166	4317	360
专用设备制造业	8118	3573	12191	10627	278
汽车制造业	10327	4555	7297	10526	84
铁路、船舶、航空航天和其他运输设备制造业	1707	446	1619	1108	41
电气机械和器材制造业	20821	7835	32856	15985	390
计算机、通信和其他电子设备制造业	23602	12622	58725	14150	251
仪器仪表制造业	2436	950	3580	1957	156
其他制造业	271	62	388	370	4
废弃资源综合利用业	119	31	177	68	8
金属制品、机械和设备修理业	115	34	89	24	1
电力、热力、燃气及水生产和供应业	**1478**	**624**	**954**	**175**	**34**
电力、热力生产和供应业	1109	490	525	20	18
燃气生产和供应业	222	85	279	123	15
水的生产和供应业	147	49	150	32	1

2-7-10 分行业外商投资工业企业自主知识产权及相关情况

行业	专利申请数(件)	#发明专利	有效发明专利数(件)	拥有注册商标数(件)	形成国家或行业标准数(项)
合计	**98963**	**43718**	**161654**	**113342**	**2579**
采矿业	**269**	**132**	**756**	**5**	**4**
煤炭开采和洗选业	25	4	12	1	
石油和天然气开采业	195	114	694		
黑色金属矿采选业	2		4		
有色金属矿采选业	21	7	3		
非金属矿采选业	19	5	38	3	3
开采及其他辅助性活动	7	2	5	1	1
制造业	**97785**	**43345**	**160357**	**113245**	**2563**
农副食品加工业	611	113	660	4676	36
食品制造业	1016	296	1570	8532	25
酒、饮料和精制茶制造业	216	29	260	1786	6
烟草制品业	11				
纺织业	725	203	960	1818	18
纺织服装、服饰业	1018	183	511	1666	9
皮革、毛皮、羽毛及其制品和制鞋业	295	59	262	598	14
木材加工和木、竹、藤、棕、草制品业	55	16	193	191	9
家具制造业	1159	116	301	857	2
造纸和纸制品业	422	112	1157	1308	35
印刷和记录媒介复制业	297	95	383	41	
文教、工美、体育和娱乐用品制造业	864	93	602	1870	25
石油加工、炼焦和核燃料加工业	67	14	70	117	2
化学原料和化学制品制造业	2974	1480	6690	10320	232
医药制造业	2283	1598	5847	13021	137
化学纤维制造业	368	66	389	180	22
橡胶和塑料制品业	2424	508	2765	2355	67
非金属矿物制品业	1788	657	2378	1573	56
黑色金属冶炼和压延加工业	1027	676	2962	49	34
有色金属冶炼和压延加工业	577	216	847	297	111
金属制品业	2850	608	4035	1941	108
通用设备制造业	10182	3257	15756	5601	372
专用设备制造业	9890	4224	16436	9562	233
汽车制造业	15186	6516	15763	14926	223
铁路、船舶、航空航天和其他运输设备制造业	1372	376	1387	1017	34
电气机械和器材制造业	11282	3557	14156	5135	462
计算机、通信和其他电子设备制造业	25762	17104	59771	21429	202
仪器仪表制造业	1963	659	3246	1466	81
其他制造业	950	486	795	890	8
废弃资源综合利用业	37	11	143	17	
金属制品、机械和设备修理业	114	17	62	6	
电力、热力、燃气及水生产和供应业	**909**	**241**	**541**	**92**	**12**
电力、热力生产和供应业	515	168	268		3
燃气生产和供应业	329	59	229	88	8
水的生产和供应业	65	14	44	4	1

2-7-11 各地区工业企业自主知识产权及相关情况

地　区	专　利申请数(件)	#发明专利	有效发明专利数(件)	拥有注册商标数(件)	形成国家或行业标准数(项)
全　国	**1565960**	**613602**	**2227602**	**1494057**	**50424**
东部地区	1098111	425014	1638207	1123063	36377
中部地区	275623	107356	349027	179036	7712
西部地区	153425	62955	184182	165521	4985
东北地区	38801	18277	56186	26437	1350
北　京	31980	20643	80347	55228	1545
天　津	19635	7249	30392	16430	664
河　北	34738	13170	44210	43709	1528
山　西	9698	4017	13426	9695	356
内蒙古	11056	4064	9468	13225	185
辽　宁	19606	6927	34185	10272	688
吉　林	13009	8420	11455	7086	375
黑龙江	6186	2930	10546	9079	287
上　海	45050	19761	88728	46837	1819
江　苏	234666	83835	328671	131939	6789
浙　江	180387	48296	181101	203024	10308
安　徽	82018	34015	101197	45488	2044
福　建	59409	23148	63781	60660	1471
江　西	34785	12220	26071	22650	627
山　东	123645	43358	156453	117441	4973
河　南	45208	12661	49860	34517	1702
湖　北	63597	27742	97938	33237	1662
湖　南	40317	16701	60535	33449	1321
广　东	366916	164853	661500	443228	7192
广　西	11790	5136	15301	15746	382
海　南	1685	701	3024	4567	88
重　庆	27116	11321	29767	22450	605
四　川	41770	17184	62570	51907	1743
贵　州	8290	3883	8168	12263	272
云　南	13189	5256	14217	19868	400
西　藏	128	46	265	357	7
陕　西	18424	7791	24558	20745	640
甘　肃	7154	2285	6664	2270	419
青　海	1744	896	1352	899	42
宁　夏	5486	1955	5295	2619	115
新　疆	7278	3138	6557	3172	175

2-7-12 各地区大型工业企业自主知识产权及相关情况

地 区	专利申请数(件)	#发明专利	有效发明专利数(件)	拥有注册商标数(件)	形成国家或行业标准数(项)
全 国	**499876**	**289467**	**935367**	**511289**	**13961**
东部地区	349227	200477	718278	379482	9545
中部地区	71274	42486	128792	58342	2277
西部地区	62110	34355	66946	65727	1693
东北地区	17265	12149	21351	7738	446
北 京	13626	10360	45444	14721	920
天 津	4231	2573	7710	2125	151
河 北	12502	6305	13120	17129	368
山 西	3703	1997	5611	4258	107
内蒙古	6196	2640	4724	10030	98
辽 宁	5706	3411	11000	1932	166
吉 林	9078	7113	6241	2727	144
黑龙江	2481	1625	4110	3079	136
上 海	11297	7247	39387	15229	654
江 苏	42261	20800	71399	36336	1511
浙 江	40010	15959	49277	51463	1590
安 徽	22308	12690	35291	13667	415
福 建	23833	14255	23305	17979	362
江 西	5234	2730	5230	4533	116
山 东	38606	19713	55488	38000	1411
河 南	9643	4856	14015	12193	545
湖 北	21230	15215	48651	12452	565
湖 南	9156	4998	19994	11239	529
广 东	162360	102923	412352	185655	2561
广 西	5330	3403	5891	4789	158
海 南	501	342	796	845	17
重 庆	10812	6422	10543	6917	148
四 川	14416	8329	22894	23659	641
贵 州	3048	2336	3208	4892	75
云 南	6641	3626	5819	9228	114
西 藏	24	11	72		7
陕 西	6273	2893	6639	4259	185
甘 肃	3301	1056	2481	674	125
青 海	1255	756	780	431	20
宁 夏	1556	702	1257	42	26
新 疆	3258	2181	2638	806	96

2-7-13 各地区中型工业企业自主知识产权及相关情况

地　区	专　利申请数（件）	#发明专利	有效发明专利数（件）	拥有注册商标数（件）	形成国家或行业标准数（项）
全　国	**286508**	**109774**	**379860**	**354932**	**17576**
东部地区	205393	79010	278979	274576	13171
中部地区	47812	18201	56511	36546	2327
西部地区	27554	10428	35453	37974	1705
东北地区	5749	2135	8917	5836	373
北　京	7443	5092	14621	16501	261
天　津	4949	1794	7077	5082	194
河　北	5683	2006	7218	8720	451
山　西	1662	546	2060	1261	76
内蒙古	2496	784	2055	1547	44
辽　宁	3358	1193	5419	2204	191
吉　林	1412	543	1663	930	122
黑龙江	979	399	1835	2702	60
上　海	9859	5016	16263	12206	403
江　苏	47694	20621	69996	32001	2222
浙　江	35262	10549	40995	58402	5548
安　徽	12618	5353	15636	8333	654
福　建	11095	3685	13414	16253	449
江　西	6278	2449	5064	4827	193
山　东	20591	7910	27238	31665	1607
河　南	9198	2566	9791	7125	655
湖　北	10139	4088	12557	7670	395
湖　南	7917	3199	11403	7330	354
广　东	62449	22178	81632	92206	1988
广　西	2361	737	3614	4629	108
海　南	368	159	525	1540	48
重　庆	4937	1605	6269	6745	265
四　川	7456	3192	11810	13440	668
贵　州	1548	471	1228	2512	78
云　南	1412	530	1875	2390	79
西　藏	36	9	101	136	
陕　西	3741	1740	4523	4901	211
甘　肃	1293	534	1335	316	194
青　海	198	56	135	27	6
宁　夏	1209	547	1542	750	36
新　疆	867	223	966	581	16

2–7–14 各地区国有控股工业企业自主知识产权及相关情况

地　　区	专　利 申请数 (件)	#发明专利	有效发明 专 利 数 (件)	拥有注册 商 标 数 (件)	形成国家或 行业标准数 (项)
全　　国	**271262**	**166990**	**473140**	**195843**	**10160**
东部地区	125047	82145	275070	102007	5234
中部地区	57970	34388	103465	36842	2095
西部地区	70140	37759	71835	50273	2319
东北地区	18105	12698	22770	6721	512
北　　京	12700	9308	37837	15805	1099
天　　津	4709	2837	7980	2465	228
河　　北	7228	3778	10264	5647	375
山　　西	4596	2456	7231	3804	128
内 蒙 古	6037	2761	3485	706	65
辽　　宁	5969	3613	11918	649	209
吉　　林	9477	7335	6178	2476	162
黑 龙 江	2659	1750	4674	3596	141
上　　海	9413	5867	29643	9700	621
江　　苏	21391	14025	42275	10144	871
浙　　江	5163	2466	7206	5199	431
安　　徽	12058	6505	19482	6936	358
福　　建	5307	3117	11733	3932	143
江　　西	3716	1911	3590	3823	90
山　　东	26141	14945	40763	17742	928
河　　南	9087	4693	11254	4856	424
湖　　北	19804	13788	42139	9876	549
湖　　南	8709	5035	19769	7547	546
广　　东	32306	25378	86716	30924	517
广　　西	5574	3270	5869	5665	197
海　　南	689	424	653	449	21
重　　庆	11891	7086	8908	7789	241
四　　川	14299	8692	23883	16671	720
贵　　州	4129	2758	4049	5195	127
云　　南	7732	4083	7306	7780	171
西　　藏	58	18	99	43	7
陕　　西	8483	3659	9233	4072	349
甘　　肃	4855	1553	3685	1226	313
青　　海	1308	760	885	437	16
宁　　夏	1976	967	1664	140	39
新　　疆	3798	2152	2769	549	74

2-7-15 各地区内资工业企业自主知识产权及相关情况

地　区	专　利申请数(件)		有效发明专利数(件)	拥有注册商标数(件)	形成国家或行业标准数(项)
		#发明专利			
全　国	**1364273**	**527996**	**1900810**	**1254063**	**44726**
东部地区	926977	353325	1356379	916323	31602
中部地区	257533	98897	322295	163656	7121
西部地区	145102	59185	172913	149780	4754
东北地区	34661	16589	49223	24304	1249
北　京	24582	15843	58974	42468	1482
天　津	17178	6325	26628	14230	571
河　北	28639	10305	39339	31331	1394
山　西	9488	3968	13220	9531	348
内蒙古	10279	3817	8475	6882	157
辽　宁	16685	5631	28387	9230	591
吉　林	12104	8109	10567	6145	373
黑龙江	5872	2849	10269	8929	285
上　海	32500	13583	60021	33043	1449
江　苏	197366	69652	268452	99998	5729
浙　江	159281	40757	147734	179087	9452
安　徽	76691	31850	93694	43248	1921
福　建	51300	20082	51463	48074	1149
江　西	31537	10555	23699	20624	548
山　东	111564	39320	143873	98063	4537
河　南	42839	11730	45748	31026	1640
湖　北	59530	25455	91424	29055	1449
湖　南	37448	15339	54510	30172	1215
广　东	302978	136790	557118	365691	5772
广　西	9985	4309	12721	12856	318
海　南	1589	668	2777	4338	67
重　庆	24123	9812	27291	20798	565
四　川	40494	16644	59568	50504	1711
贵　州	8010	3780	7958	11826	255
云　南	12939	5184	13707	19465	384
西　藏	120	46	262	353	7
陕　西	17799	7442	23624	18370	614
甘　肃	7146	2277	6662	2269	419
青　海	1743	896	1352	885	42
宁　夏	5353	1877	4850	2464	112
新　疆	7111	3101	6443	3108	170

2-7-16 各地区港澳台商投资工业企业自主知识产权及相关情况

地　　区	专　利 申请数 (件)	#发明专利	有效发明 专 利 数 (件)	拥有注册 商 标 数 (件)	形成国家或 行业标准数 (项)
全　　国	**102724**	**41888**	**165138**	**126652**	**3119**
东部地区	91110	36856	148430	115438	2809
中部地区	8104	3552	11869	7281	215
西部地区	2613	1244	3627	3316	62
东北地区	897	236	1212	617	33
北　　京	4531	3284	16161	5628	34
天　　津	640	193	1242	658	77
河　　北	4954	2473	2964	8839	51
山　　西	68	20	94	124	6
内 蒙 古	255	96	326	230	10
辽　　宁	483	141	911	429	32
吉　　林	130	21	132	57	
黑 龙 江	284	74	169	131	1
上　　海	4160	2361	10641	5835	75
江　　苏	16636	7273	26133	19115	567
浙　　江	9762	3413	15501	12473	487
安　　徽	2839	1296	2745	1473	42
福　　建	5243	2271	8555	9166	209
江　　西	1309	453	785	528	55
山　　东	4964	1831	5024	4783	191
河　　南	717	206	879	458	9
湖　　北	1245	560	2256	1725	30
湖　　南	1926	1017	5110	2973	73
广　　东	40147	13731	62044	48789	1097
广　　西	226	79	331	193	9
海　　南	73	26	165	152	21
重　　庆	871	554	836	222	10
四　　川	678	261	1250	759	12
贵　　州	153	52	86	54	1
云　　南	147	56	312	164	14
西　　藏					
陕　　西	197	121	400	1657	4
甘　　肃	8	8	2	1	
青　　海	1			14	
宁　　夏	33	5	15	14	
新　　疆	44	12	69	8	2

2–7–17　各地区外商投资工业企业自主知识产权及相关情况

地　区	专　利申请数(件)	#发明专利	有效发明专利数(件)	拥有注册商标数(件)	形成国家或行业标准数(项)
全　国	**98963**	**43718**	**161654**	**113342**	**2579**
东部地区	80024	34833	133398	91302	1966
中部地区	9986	4907	14863	8099	376
西部地区	5710	2526	7642	12425	169
东北地区	3243	1452	5751	1516	68
北　京	2867	1516	5212	7132	29
天　津	1817	731	2522	1542	16
河　北	1145	392	1907	3539	83
山　西	142	29	112	40	2
内蒙古	522	151	667	6113	18
辽　宁	2438	1155	4887	613	65
吉　林	775	290	756	884	2
黑龙江	30	7	108	19	1
上　海	8390	3817	18066	7959	295
江　苏	20664	6910	34086	12826	493
浙　江	11344	4126	17866	11464	369
安　徽	2488	869	4758	767	81
福　建	2866	795	3763	3420	113
江　西	1939	1212	1587	1498	24
山　东	7117	2207	7556	14595	245
河　南	1652	725	3233	3033	53
湖　北	2822	1727	4258	2457	183
湖　南	943	345	915	304	33
广　东	23791	14332	42338	28748	323
广　西	1579	748	2249	2697	55
海　南	23	7	82	77	
重　庆	2122	955	1640	1430	30
四　川	598	279	1752	644	20
贵　州	127	51	124	383	16
云　南	103	16	198	239	2
西　藏	8		3	4	
陕　西	428	228	534	718	22
甘　肃					
青　海					
宁　夏	100	73	430	141	3
新　疆	123	25	45	56	3

第二部分

工业企业研发活动情况

8

工业企业政府相关政策落实情况

(2023)

2-8-1 分登记注册统计类别工业企业政府相关政策落实情况

单位：万元

登记注册统计类别	研究开发费用加计扣除减免税	高新技术企业减免税
合　计	**30355765**	**23043184**
内资企业	**24434545**	**16646076**
有限责任公司	18257649	10811241
股份有限公司	6018378	5759649
非公司企业法人	118685	62777
个人独资企业	28351	7174
合伙企业	11350	5202
港澳台商投资	**2927693**	**2232530**
港澳台投资有限责任公司	2271571	1616776
港澳台投资股份有限公司	583940	569831
港澳台投资合伙企业	31411	33068
其他港澳台投资企业	40771	12856
外商投资	**2993528**	**4164578**
外商投资有限责任公司	2181189	2620097
外商投资股份有限公司	718542	1486631
外商投资合伙企业	46447	50664
其他外商投资企业	47350	7186

2-8-2 分登记注册统计类别大型工业企业政府相关政策落实情况

单位：万元

登记注册统计类别	研究开发费用加计扣除减免税	高新技术企业减免税
合　计	**12460201**	**10881601**
内资企业	**8785642**	**6794931**
有限责任公司	5611021	3515881
股份有限公司	3098991	3238481
非公司企业法人	75629	40569
个人独资企业		
合伙企业		
港澳台商投资	**1882799**	**1191886**
港澳台投资有限责任公司	1456788	837839
港澳台投资股份有限公司	380811	331469
港澳台投资合伙企业	15392	14711
其他港澳台投资企业	29807	7867
外商投资	**1791761**	**2894784**
外商投资有限责任公司	1226055	1554249
外商投资股份有限公司	509717	1307936
外商投资合伙企业	18673	31937
其他外商投资企业	37316	662

2-8-3 分登记注册统计类别中型工业企业政府相关政策落实情况

单位：万元

登记注册统计类别	研究开发费用加计扣除减免税	高新技术企业减免税
合 计	**7240450**	**6425425**
内资企业	**5923029**	**4859080**
有限责任公司	4161239	3146520
股份有限公司	1734856	1692735
非公司企业法人	22961	16257
个人独资企业	1511	630
合伙企业	2462	2937
港澳台商投资	**627927**	**725730**
港澳台投资有限责任公司	471270	522768
港澳台投资股份有限公司	141038	185830
港澳台投资合伙企业	10219	14458
其他港澳台投资企业	5401	2675
外商投资	**689493**	**840615**
外商投资有限责任公司	530117	700085
外商投资股份有限公司	133857	122799
外商投资合伙企业	19610	13588
其他外商投资企业	5910	4143

2-8-4 分行业工业企业政府相关政策落实情况

单位：万元

行 业	研究开发费用加计扣除减免税	高新技术企业减免税
合 计	**30355765**	**23043184**
采矿业	**732368**	**783766**
煤炭开采和洗选业	324678	299189
石油和天然气开采业	210984	67902
黑色金属矿采选业	35957	130655
有色金属矿采选业	77262	207879
非金属矿采选业	40240	59267
开采及其他辅助性活动	42575	18873
制造业	**29236586**	**20898067**
农副食品加工业	361505	141168
食品制造业	369389	308233
酒、饮料和精制茶制造业	108843	45615
烟草制品业	18700	49078
纺织业	372265	195773
纺织服装、服饰业	143032	70946
皮革、毛皮、羽毛及其制品和制鞋业	116365	48018
木材加工和木、竹、藤、棕、草制品业	89555	36631
家具制造业	172739	119467
造纸和纸制品业	247529	182910
印刷和记录媒介复制业	174553	120980
文教、工美、体育和娱乐用品制造业	204161	115429
石油加工、炼焦和核燃料加工业	180363	118569
化学原料和化学制品制造业	1952343	2326551
医药制造业	1850698	2185506
化学纤维制造业	151245	76009
橡胶和塑料制品业	824399	578150
非金属矿物制品业	1161950	1072659
黑色金属冶炼和压延加工业	909398	243758
有色金属冶炼和压延加工业	736747	650835
金属制品业	916518	660524
通用设备制造业	1881796	1513780
专用设备制造业	2056269	1715226
汽车制造业	2887982	1901923
铁路、船舶、航空航天和其他运输设备制造业	449199	416565
电气机械和器材制造业	3506748	2910698
计算机、通信和其他电子设备制造业	6439221	2347155
仪器仪表制造业	761628	508549
其他制造业	62389	52364
废弃资源综合利用业	90266	140757
金属制品、机械和设备修理业	38792	44241
电力、热力、燃气及水生产和供应业	**386811**	**1361352**
电力、热力生产和供应业	264112	232790
燃气生产和供应业	34944	1087336
水的生产和供应业	87755	41226

2-8-5 分行业大型工业企业政府相关政策落实情况

单位：万元

行　　业	研究开发费用加计扣除减免税	高新技术企业减免税
合　计	**12460201**	**10881601**
采矿业	**512423**	**367441**
煤炭开采和洗选业	233883	237411
石油和天然气开采业	200786	6219
黑色金属矿采选业	13106	66725
有色金属矿采选业	24850	37596
非金属矿采选业	4292	12039
开采及其他辅助性活动	35507	7451
制造业	**11826905**	**9437322**
农副食品加工业	24684	21113
食品制造业	108573	131871
酒、饮料和精制茶制造业	32319	6649
烟草制品业	6665	18713
纺织业	55872	49521
纺织服装、服饰业	36798	20014
皮革、毛皮、羽毛及其制品和制鞋业	29091	16063
木材加工和木、竹、藤、棕、草制品业	1640	3053
家具制造业	60774	65964
造纸和纸制品业	61845	89492
印刷和记录媒介复制业	16786	17875
文教、工美、体育和娱乐用品制造业	27210	27766
石油加工、炼焦和核燃料加工业	79481	82951
化学原料和化学制品制造业	490286	893718
医药制造业	822480	1077213
化学纤维制造业	66607	28922
橡胶和塑料制品业	178517	155558
非金属矿物制品业	197915	410399
黑色金属冶炼和压延加工业	634491	167419
有色金属冶炼和压延加工业	242585	373273
金属制品业	121023	143271
通用设备制造业	463478	495573
专用设备制造业	480675	515780
汽车制造业	1856683	1228105
铁路、船舶、航空航天和其他运输设备制造业	177722	210519
电气机械和器材制造业	1468627	1772058
计算机、通信和其他电子设备制造业	3892511	1192282
仪器仪表制造业	154294	81606
其他制造业	14884	25535
废弃资源综合利用业	4147	92609
金属制品、机械和设备修理业	18245	22439
电力、热力、燃气及水生产和供应业	**120872**	**1076838**
电力、热力生产和供应业	107743	1548
燃气生产和供应业	10972	1062639
水的生产和供应业	2158	12650

2–8–6 分行业中型工业企业政府相关政策落实情况

单位：万元

行业	研究开发费用加计扣除减免税	高新技术企业减免税
合计	**7240450**	**6425425**
采矿业	**119972**	**209590**
煤炭开采和洗选业	62673	33561
石油和天然气开采业	1591	
黑色金属矿采选业	12776	53977
有色金属矿采选业	32436	99934
非金属矿采选业	6616	13842
开采及其他辅助性活动	3880	8278
制造业	**7047604**	**6042788**
农副食品加工业	70728	36932
食品制造业	89513	81983
酒、饮料和精制茶制造业	23302	19969
烟草制品业	7004	14531
纺织业	128695	85077
纺织服装、服饰业	48535	31742
皮革、毛皮、羽毛及其制品和制鞋业	32018	15189
木材加工和木、竹、藤、棕、草制品业	18798	14526
家具制造业	44477	31849
造纸和纸制品业	82970	54167
印刷和记录媒介复制业	59016	51548
文教、工美、体育和娱乐用品制造业	64855	42196
石油加工、炼焦和核燃料加工业	63489	4545
化学原料和化学制品制造业	586645	744249
医药制造业	531775	758363
化学纤维制造业	33810	18916
橡胶和塑料制品业	200839	195862
非金属矿物制品业	328087	334518
黑色金属冶炼和压延加工业	102809	42966
有色金属冶炼和压延加工业	200656	156395
金属制品业	244457	242835
通用设备制造业	533628	500283
专用设备制造业	556245	587982
汽车制造业	525941	413310
铁路、船舶、航空航天和其他运输设备制造业	113950	97653
电气机械和器材制造业	920636	606295
计算机、通信和其他电子设备制造业	1164170	623952
仪器仪表制造业	231372	190582
其他制造业	14871	13819
废弃资源综合利用业	15853	17953
金属制品、机械和设备修理业	8464	12601
电力、热力、燃气及水生产和供应业	**72874**	**173047**
电力、热力生产和供应业	56349	155857
燃气生产和供应业	6341	9203
水的生产和供应业	10184	7988

2-8-7 分行业国有控股工业企业政府相关政策落实情况

单位：万元

行　业	研究开发费用加计扣除减免税	高新技术企业减免税
合　计	**4922825**	**5218144**
采矿业	**538977**	**523054**
煤炭开采和洗选业	254937	258956
石油和天然气开采业	171584	6407
黑色金属矿采选业	16799	81424
有色金属矿采选业	46447	145040
非金属矿采选业	11753	16335
开采及其他辅助性活动	37398	14892
制造业	**4114875**	**3450176**
农副食品加工业	16286	6444
食品制造业	27770	33938
酒、饮料和精制茶制造业	20283	6626
烟草制品业	300	14193
纺织业	4921	6021
纺织服装、服饰业	2381	1808
皮革、毛皮、羽毛及其制品和制鞋业	1326	2066
木材加工和木、竹、藤、棕、草制品业	3518	744
家具制造业	13148	7831
造纸和纸制品业	10995	5992
印刷和记录媒介复制业	10308	14288
文教、工美、体育和娱乐用品制造业	1924	957
石油加工、炼焦和核燃料加工业	92198	9798
化学原料和化学制品制造业	311630	488333
医药制造业	169451	462525
化学纤维制造业	19153	5882
橡胶和塑料制品业	37225	27122
非金属矿物制品业	164220	138392
黑色金属冶炼和压延加工业	396387	106273
有色金属冶炼和压延加工业	139107	272427
金属制品业	70259	65486
通用设备制造业	246343	190999
专用设备制造业	231979	143573
汽车制造业	844655	905567
铁路、船舶、航空航天和其他运输设备制造业	150805	144136
电气机械和器材制造业	248343	162670
计算机、通信和其他电子设备制造业	774901	155986
仪器仪表制造业	69846	39918
其他制造业	2857	974
废弃资源综合利用业	11083	11882
金属制品、机械和设备修理业	21273	17329
电力、热力、燃气及水生产和供应业	**268973**	**1244914**
电力、热力生产和供应业	187064	173276
燃气生产和供应业	10752	1045503
水的生产和供应业	71156	26135

2-8-8　分行业内资工业企业政府相关政策落实情况

单位：万元

行　　业	研究开发费用加计扣除减免税	高新技术企业减免税
合　计	**24434545**	**16646076**
采矿业	**685127**	**766294**
煤炭开采和洗选业	315753	299189
石油和天然气开采业	177315	67902
黑色金属矿采选业	34370	124330
有色金属矿采选业	76034	206026
非金属矿采选业	39280	53088
开采及其他辅助性活动	41702	15760
制造业	**23398999**	**15677404**
农副食品加工业	335073	128577
食品制造业	289644	211098
酒、饮料和精制茶制造业	91926	40397
烟草制品业	17975	48540
纺织业	311004	130482
纺织服装、服饰业	112330	61472
皮革、毛皮、羽毛及其制品和制鞋业	93179	38179
木材加工和木、竹、藤、棕、草制品业	85539	35616
家具制造业	151083	98657
造纸和纸制品业	194854	85214
印刷和记录媒介复制业	147715	86318
文教、工美、体育和娱乐用品制造业	160477	81863
石油加工、炼焦和核燃料加工业	161408	114827
化学原料和化学制品制造业	1762158	2055193
医药制造业	1451294	1719866
化学纤维制造业	128657	47048
橡胶和塑料制品业	691799	453674
非金属矿物制品业	1059764	841465
黑色金属冶炼和压延加工业	828222	225125
有色金属冶炼和压延加工业	675738	594917
金属制品业	792567	534737
通用设备制造业	1555669	1098444
专用设备制造业	1714397	1319110
汽车制造业	1404099	699528
铁路、船舶、航空航天和其他运输设备制造业	397716	310007
电气机械和器材制造业	2989342	2453582
计算机、通信和其他电子设备制造业	4983681	1589232
仪器仪表制造业	651372	394135
其他制造业	44427	24131
废弃资源综合利用业	85660	135417
金属制品、机械和设备修理业	30231	20556
电力、热力、燃气及水生产和供应业	**350418**	**202378**
电力、热力生产和供应业	247665	142501
燃气生产和供应业	19007	22237
水的生产和供应业	83747	37639

2-8-9 分行业港澳台商投资工业企业政府相关政策落实情况

单位：万元

行业	研究开发费用加计扣除减免税	高新技术企业减免税
合计	**2927693**	**2232530**
采矿业	**27681**	**9902**
煤炭开采和洗选业	4445	
石油和天然气开采业	20116	
黑色金属矿采选业	1277	6325
有色金属矿采选业	953	1853
非金属矿采选业	310	44
开采及其他辅助性活动	578	1681
制造业	**2877756**	**2123592**
农副食品加工业	13824	8759
食品制造业	35483	39866
酒、饮料和精制茶制造业	6692	4373
烟草制品业	725	538
纺织业	44349	55410
纺织服装、服饰业	19339	5770
皮革、毛皮、羽毛及其制品和制鞋业	16409	6261
木材加工和木、竹、藤、棕、草制品业	2688	663
家具制造业	12484	16215
造纸和纸制品业	37229	62445
印刷和记录媒介复制业	17522	26648
文教、工美、体育和娱乐用品制造业	32920	28775
石油加工、炼焦和核燃料加工业	7805	1915
化学原料和化学制品制造业	107398	125359
医药制造业	234891	315031
化学纤维制造业	17785	25484
橡胶和塑料制品业	92403	79141
非金属矿物制品业	68735	143526
黑色金属冶炼和压延加工业	45320	7265
有色金属冶炼和压延加工业	37252	30937
金属制品业	75251	66330
通用设备制造业	85367	120271
专用设备制造业	129675	179875
汽车制造业	721506	95626
铁路、船舶、航空航天和其他运输设备制造业	25128	32608
电气机械和器材制造业	224194	197543
计算机、通信和其他电子设备制造业	700347	388064
仪器仪表制造业	55751	51689
其他制造业	3421	2333
废弃资源综合利用业	2695	3097
金属制品、机械和设备修理业	3169	1772
电力、热力、燃气及水生产和供应业	**22257**	**99037**
电力、热力生产和供应业	14020	81194
燃气生产和供应业	6605	14690
水的生产和供应业	1632	3153

2-8-10　分行业外商投资工业企业政府相关政策落实情况

单位：万元

行　　业	研究开发费用加计扣除减免税	高新技术企业减免税
合　计	**2993528**	**4164578**
采矿业	**19561**	**7569**
煤炭开采和洗选业	4480	
石油和天然气开采业	13552	
黑色金属矿采选业	309	
有色金属矿采选业	275	
非金属矿采选业	650	6136
开采及其他辅助性活动	294	1433
制造业	**2959831**	**3097071**
农副食品加工业	12608	3832
食品制造业	44262	57270
酒、饮料和精制茶制造业	10225	846
烟草制品业		
纺织业	16912	9881
纺织服装、服饰业	11363	3704
皮革、毛皮、羽毛及其制品和制鞋业	6777	3577
木材加工和木、竹、藤、棕、草制品业	1328	352
家具制造业	9172	4594
造纸和纸制品业	15446	35251
印刷和记录媒介复制业	9316	8014
文教、工美、体育和娱乐用品制造业	10764	4791
石油加工、炼焦和核燃料加工业	11150	1826
化学原料和化学制品制造业	82787	146000
医药制造业	164513	150609
化学纤维制造业	4803	3476
橡胶和塑料制品业	40197	45335
非金属矿物制品业	33451	87668
黑色金属冶炼和压延加工业	35856	11368
有色金属冶炼和压延加工业	23757	24982
金属制品业	48700	59457
通用设备制造业	240760	295065
专用设备制造业	212197	216241
汽车制造业	762377	1106769
铁路、船舶、航空航天和其他运输设备制造业	26355	73951
电气机械和器材制造业	293212	259573
计算机、通信和其他电子设备制造业	755193	369859
仪器仪表制造业	54505	62725
其他制造业	14541	25899
废弃资源综合利用业	1911	2243
金属制品、机械和设备修理业	5393	21913
电力、热力、燃气及水生产和供应业	**14137**	**1059938**
电力、热力生产和供应业	2428	9095
燃气生产和供应业	9332	1050409
水的生产和供应业	2377	434

2-8-11 各地区工业企业政府相关政策落实情况

单位：万元

地　区	研究开发费用加计扣除减免税	高新技术企业减免税
全　国	**30355765**	**23043184**
东部地区	20456061	16114168
中部地区	6447022	3962336
西部地区	2733673	1889539
东北地区	719010	1077142
北　京	654577	569605
天　津	295145	273036
河　北	722775	633897
山　西	324069	195607
内蒙古	189760	313444
辽　宁	348726	337852
吉　林	227844	610321
黑龙江	142440	128969
上　海	1329799	841849
江　苏	3817426	3345101
浙　江	3306521	2633809
安　徽	1569563	931720
福　建	831155	766284
江　西	863171	684265
山　东	2060117	1724368
河　南	777344	577806
湖　北	1342202	700256
湖　南	1570673	872682
广　东	7371227	5283614
广　西	298959	65706
海　南	67319	42604
重　庆	381813	130464
四　川	733874	274696
贵　州	102710	35216
云　南	167030	182776
西　藏	3639	699
陕　西	451299	361120
甘　肃	95979	41880
青　海	49350	70810
宁　夏	88545	40952
新　疆	170716	371775

2-8-12 各地区大型工业企业政府相关政策落实情况

单位：万元

地 区	研究开发费用加计扣除减免税	高新技术企业减免税
全 国	**12460201**	**10881601**
东部地区	8879929	7669823
中部地区	2107553	1745745
西部地区	1138535	844897
东北地区	334184	621136
北 京	262053	200200
天 津	143374	82384
河 北	276031	264258
山 西	193365	120089
内 蒙 古	78632	144545
辽 宁	120878	87160
吉 林	142188	509157
黑 龙 江	71118	24819
上 海	612584	221682
江 苏	1270132	1341901
浙 江	1080344	943521
安 徽	495730	417048
福 建	397701	521345
江 西	233888	366501
山 东	808377	835823
河 南	342631	257415
湖 北	532543	267561
湖 南	309396	317130
广 东	4016058	3239825
广 西	104404	19294
海 南	13275	18885
重 庆	198660	44749
四 川	307120	91437
贵 州	40463	4590
云 南	60704	95245
西 藏		
陕 西	208138	232956
甘 肃	38368	10184
青 海	15652	3148
宁 夏	18033	14690
新 疆	68362	184060

2-8-13 各地区中型工业企业政府相关政策落实情况

单位：万元

地　　区	研究开发费用加计扣除减免税	高新技术企业减免税
全　　国	**7240450**	**6425425**
东部地区	4835166	4479391
中部地区	1507390	1078334
西部地区	741208	645276
东北地区	156686	222424
北　　京	192513	224140
天　　津	76435	107878
河　　北	160742	185814
山　　西	63896	37694
内 蒙 古	71974	123352
辽　　宁	97674	128087
吉　　林	36751	57471
黑 龙 江	22261	36866
上　　海	335894	316856
江　　苏	1032141	975012
浙　　江	956693	928297
安　　徽	361768	232480
福　　建	216972	152650
江　　西	208089	163603
山　　东	483461	445136
河　　南	185356	186680
湖　　北	351705	213624
湖　　南	336576	244254
广　　东	1351429	1131992
广　　西	110986	25477
海　　南	28886	11617
重　　庆	92748	56690
四　　川	199574	84577
贵　　州	30957	16904
云　　南	38598	63324
西　　藏		
陕　　西	94800	51631
甘　　肃	23495	18118
青　　海	23995	66251
宁　　夏	26901	16715
新　　疆	27182	122237

2-8-14 各地区国有控股工业企业政府相关政策落实情况

单位：万元

地 区	研究开发费用加计扣除减免税	高新技术企业减免税
全 国	**4922825**	**5218144**
东部地区	2362466	3042977
中部地区	1394567	912111
西部地区	882065	653983
东北地区	283727	609073
北 京	190902	186852
天 津	43389	30304
河 北	128565	99249
山 西	185219	126746
内蒙古	35832	123586
辽 宁	80009	74940
吉 林	128342	479760
黑龙江	75375	54373
上 海	475329	140100
江 苏	329622	198340
浙 江	148550	162600
安 徽	261624	209357
福 建	85009	47992
江 西	101317	117505
山 东	408165	420958
河 南	192918	118172
湖 北	427379	146940
湖 南	226110	193390
广 东	544299	1753347
广 西	145716	12842
海 南	8636	3236
重 庆	135727	53716
四 川	189214	85480
贵 州	22803	8023
云 南	43236	66757
西 藏		
陕 西	171507	223031
甘 肃	44545	13450
青 海	17400	11561
宁 夏	11243	3868
新 疆	64842	51670

2-8-15 各地区内资工业企业政府相关政策落实情况

单位：万元

地 区	研究开发费用加计扣除减免税	高新技术企业减免税
全 国	**24434545**	**16646076**
东部地区	15377412	10690456
中部地区	5957981	3597668
西部地区	2515311	1804273
东北地区	583842	553679
北 京	460659	349765
天 津	203096	203356
河 北	613746	477515
山 西	311971	188119
内 蒙 古	177799	285323
辽 宁	269431	246616
吉 林	174928	179028
黑 龙 江	139484	128035
上 海	702143	458728
江 苏	2966965	2202648
浙 江	2678221	2099596
安 徽	1436024	836913
福 建	647754	602430
江 西	783778	640808
山 东	1765954	1467190
河 南	724858	539134
湖 北	1223250	630820
湖 南	1478099	761875
广 东	5291578	2804025
广 西	222921	56904
海 南	47295	25203
重 庆	323832	112198
四 川	690382	264216
贵 州	98180	33464
云 南	163008	181692
西 藏	3409	335
陕 西	436025	350115
甘 肃	95239	41880
青 海	49298	70604
宁 夏	85894	40864
新 疆	169323	366680

2-8-16 各地区港澳台商投资工业企业政府相关政策落实情况

单位：万元

地 区	研究开发费用加计扣除减免税	高新技术企业减免税
全 国	**2927693**	**2232530**
东部地区	2603169	1976663
中部地区	219699	164886
西部地区	77120	38925
东北地区	27705	52057
北 京	91882	83163
天 津	19716	22532
河 北	66665	78552
山 西	5007	4562
内 蒙 古	3251	15256
辽 宁	22989	43262
吉 林	4110	8655
黑 龙 江	607	141
上 海	149027	122529
江 苏	357396	455179
浙 江	320181	294273
安 徽	70422	33429
福 建	126633	123132
江 西	24966	14143
山 东	134827	101236
河 南	25241	19683
湖 北	29572	25214
湖 南	64492	67855
广 东	1329782	690537
广 西	12555	2506
海 南	7061	5529
重 庆	23187	4972
四 川	25418	3134
贵 州	2716	817
云 南	2494	749
西 藏		
陕 西	4891	6364
甘 肃	703	
青 海	52	206
宁 夏	885	88
新 疆	968	4832

2-8-17　各地区外商投资工业企业政府相关政策落实情况

单位：万元

地　区	研究开发费用加计扣除减免税	高新技术企业减免税
全　国	**2993528**	**4164578**
东部地区	2475481	3447050
中部地区	269342	199782
西部地区	141242	46341
东北地区	107463	471405
北　京	102036	136677
天　津	72333	47148
河　北	42364	77831
山　西	7091	2927
内蒙古	8710	12865
辽　宁	56307	47974
吉　林	48807	422638
黑龙江	2350	793
上　海	478629	260592
江　苏	493066	687274
浙　江	308120	239940
安　徽	63118	61378
福　建	56769	40723
江　西	54427	29315
山　东	159336	155942
河　南	27246	18989
湖　北	89380	44221
湖　南	28082	42952
广　东	749867	1789052
广　西	63483	6297
海　南	12962	11872
重　庆	34793	13294
四　川	18074	7346
贵　州	1814	935
云　南	1528	335
西　藏	230	364
陕　西	10382	4642
甘　肃	38	
青　海		
宁　夏	1766	
新　疆	425	263

第二部分

工业企业研发活动情况

9

工业企业技术获取和技术改造情况

(2023)

2-9-1　分登记注册统计类别工业企业技术获取和技术改造情况

单位：万元

登记注册统计类别	引进技术经费支出	消化吸收经费支出	购买境内技术经费支出	技术改造经费支出
合　计	**3902437**	**601065**	**4718579**	**33324317**
内资企业	**976067**	**131392**	**4149295**	**27957470**
有限责任公司	725701	67265	3321778	18480534
股份有限公司	248171	64127	805268	9300068
非公司企业法人	2195		21357	161238
个人独资企业			675	11014
合伙企业			216	4616
港澳台商投资	**99330**	**7296**	**332454**	**2578165**
港澳台投资有限责任公司	77375	6462	224825	2067442
港澳台投资股份有限公司	18885	835	107504	416041
港澳台投资合伙企业	2924		126	47848
其他港澳台投资企业	147			46834
外商投资	**2827041**	**462377**	**236829**	**2788683**
外商投资有限责任公司	2619163	462276	168352	2208130
外商投资股份有限公司	37689	92	67693	546231
外商投资合伙企业	59467		640	10369
其他外商投资企业	110722	10	145	23953

2-9-2　分登记注册统计类别大型工业企业技术获取和技术改造情况

单位：万元

登记注册统计类别	引进技术经费支出	消化吸收经费支出	购买境内技术经费支出	技术改造经费支出
合　计	**3386648**	**553018**	**4007608**	**22447606**
内资企业	**793769**	**96640**	**3531162**	**18529204**
有限责任公司	597823	42331	2838091	10838721
股份有限公司	195946	54309	672977	7611338
非公司企业法人			20095	79145
个人独资企业				
合伙企业				
港澳台商投资	**42185**	**4720**	**285882**	**1764908**
港澳台投资有限责任公司	24355	3885	182188	1394413
港澳台投资股份有限公司	14907	835	103694	332283
港澳台投资合伙企业	2924			8692
其他港澳台投资企业				29521
外商投资	**2550694**	**451659**	**190564**	**2153493**
外商投资有限责任公司	2379910	451567	126800	1698042
外商投资股份有限公司	28234	92	63764	455451
外商投资合伙企业	31828			
其他外商投资企业	110722			

2-9-3 分登记注册统计类别中型工业企业技术获取和技术改造情况

单位：万元

登记注册统计类别	引进技术经费支出	消化吸收经费支出	购买境内技术经费支出	技术改造经费支出
合　计	**387349**	**36424**	**402393**	**6371152**
内资企业	**102160**	**25149**	**340756**	**5276356**
有限责任公司	58044	15963	238089	3913194
股份有限公司	44116	9186	101494	1318203
非公司企业法人			1173	40814
个人独资企业				3808
合伙企业				338
港澳台商投资	**52095**	**2456**	**33579**	**611938**
港澳台投资有限责任公司	48196	2456	31207	497318
港澳台投资股份有限公司	3898		2247	64728
港澳台投资合伙企业			126	35449
其他港澳台投资企业				14442
外商投资	**233094**	**8818**	**28058**	**482858**
外商投资有限责任公司	200775	8818	25736	374374
外商投资股份有限公司	9126		1797	79307
外商投资合伙企业	23193		525	8308
其他外商投资企业				20869

2-9-4　分行业工业企业技术获取和技术改造情况

单位：万元

行　业	引进技术经费支出	消化吸收经费支出	购买境内技术经费支出	技术改造经费支出
合　计	**3902437**	**601065**	**4718579**	**33324317**
采矿业			**10523**	**1000129**
煤炭开采和洗选业			8248	868217
石油和天然气开采业				3018
黑色金属矿采选业			873	23261
有色金属矿采选业			287	78352
非金属矿采选业			1116	26355
开采及其他辅助性活动				926
制造业	**3901668**	**601065**	**4302347**	**30147050**
农副食品加工业	1780	5	27869	232589
食品制造业	8235	1415	58587	290943
酒、饮料和精制茶制造业	5670	693	52176	586203
烟草制品业	32684	55	258260	989508
纺织业	5066	651	8346	233607
纺织服装、服饰业	297		2913	166798
皮革、毛皮、羽毛及其制品和制鞋业			370	16213
木材加工和木、竹、藤、棕、草制品业	183	571	1425	35096
家具制造业	83		1287	75518
造纸和纸制品业	504	338	1571	227160
印刷和记录媒介复制业	1559		11590	146425
文教、工美、体育和娱乐用品制造业	1428	4053	3143	89118
石油加工、炼焦和核燃料加工业	26936	3735	47207	2466693
化学原料和化学制品制造业	67276	2777	77802	2516335
医药制造业	138294	43203	389303	1050968
化学纤维制造业	9604		4671	151305
橡胶和塑料制品业	75294	114	18999	586466
非金属矿物制品业	7816	12	44349	1119019
黑色金属冶炼和压延加工业	159007	36102	898608	5589054
有色金属冶炼和压延加工业	4030	670	34156	1448873
金属制品业	17383	1422	55208	826397
通用设备制造业	142800	4454	97831	1454230
专用设备制造业	78046	8510	44494	703929
汽车制造业	1611349	453424	213777	2527483
铁路、船舶、航空航天和其他运输设备制造业	100308	8867	222326	325723
电气机械和器材制造业	158885	11870	226226	1718726
计算机、通信和其他电子设备制造业	1233798	17933	1420566	4241040
仪器仪表制造业	5277	192	22176	198065
其他制造业	8019		3398	19214
废弃资源综合利用业			2031	43988
金属制品、机械和设备修理业	57		51684	70364
电力、热力、燃气及水生产和供应业	**769**		**405708**	**2177138**
电力、热力生产和供应业	769		404908	2072315
燃气生产和供应业			232	58283
水的生产和供应业			569	46540

2-9-5 分行业大型工业企业技术获取和技术改造情况

单位：万元

行　业	引进技术经费支出	消化吸收经费支出	购买境内技术经费支出	技术改造经费支出
合　计	**3386648**	**553018**	**4007608**	**22447606**
采矿业			**7982**	**895211**
煤炭开采和洗选业			6063	815244
石油和天然气开采业				122
黑色金属矿采选业			865	16552
有色金属矿采选业			280	54403
非金属矿采选业			775	8091
开采及其他辅助性活动				800
制造业	**3386598**	**553018**	**3610000**	**20308762**
农副食品加工业			1144	13940
食品制造业	2512		51224	134844
酒、饮料和精制茶制造业	1638	233	42483	531290
烟草制品业	32684	55	254238	974934
纺织业			2665	76694
纺织服装、服饰业			218	11638
皮革、毛皮、羽毛及其制品和制鞋业				5371
木材加工和木、竹、藤、棕、草制品业				6951
家具制造业			46	54800
造纸和纸制品业	504	338	207	105941
印刷和记录媒介复制业			5953	13292
文教、工美、体育和娱乐用品制造业	330	3967	940	43660
石油加工、炼焦和核燃料加工业	26936	3735	45995	2354030
化学原料和化学制品制造业	11099	156	27953	1275766
医药制造业	107728	35703	240523	484052
化学纤维制造业	9455		4335	112728
橡胶和塑料制品业	62818		3469	273630
非金属矿物制品业	1193		14973	543627
黑色金属冶炼和压延加工业	140876	20023	894786	5295057
有色金属冶炼和压延加工业	3881	670	7862	1205528
金属制品业	6209	1	33311	373258
通用设备制造业	50283	2209	45171	667801
专用设备制造业	15404	6969	13345	300331
汽车制造业	1510548	451018	156127	1643466
铁路、船舶、航空航天和其他运输设备制造业	94974	8799	209933	192442
电气机械和器材制造业	112853	7620	184819	1069615
计算机、通信和其他电子设备制造业	1185802	11522	1304296	2413131
仪器仪表制造业	1087		9398	61600
其他制造业	7785		2853	4064
废弃资源综合利用业			200	6144
金属制品、机械和设备修理业			51536	59137
电力、热力、燃气及水生产和供应业	**50**		**389626**	**1243633**
电力、热力生产和供应业	50		389410	1175940
燃气生产和供应业				46764
水的生产和供应业			216	20929

2–9–6　分行业中型工业企业技术获取和技术改造情况

单位：万元

行　　业	引进技术经费支出	消化吸收经费支出	购买境内技术经费支出	技术改造经费支出
合　计	**387349**	**36424**	**402393**	**6371152**
采矿业			**2191**	**35446**
煤炭开采和洗选业			2121	10552
石油和天然气开采业				
黑色金属矿采选业				1586
有色金属矿采选业				19296
非金属矿采选业			70	3949
开采及其他辅助性活动				63
制造业	**386630**	**36424**	**394014**	**5724873**
农副食品加工业	1649		20684	70718
食品制造业	5666	1414	2082	84048
酒、饮料和精制茶制造业	4032	461	8633	35845
烟草制品业				3507
纺织业	3774	647	3961	62714
纺织服装、服饰业	297		2423	21904
皮革、毛皮、羽毛及其制品和制鞋业			145	3654
木材加工和木、竹、藤、棕、草制品业			913	3157
家具制造业			1037	7892
造纸和纸制品业				57468
印刷和记录媒介复制业	63		1715	55899
文教、工美、体育和娱乐用品制造业			570	19983
石油加工、炼焦和核燃料加工业			281	95871
化学原料和化学制品制造业	46134	2514	34367	884603
医药制造业	10081		105590	427329
化学纤维制造业			106	26362
橡胶和塑料制品业	10282		6477	135962
非金属矿物制品业	3137		10023	321911
黑色金属冶炼和压延加工业	17991	16078	3422	268157
有色金属冶炼和压延加工业	149		11161	136995
金属制品业	10012	1402	15289	235177
通用设备制造业	76953	1398	18994	468813
专用设备制造业	39762	617	12438	211985
汽车制造业	89194	1815	34708	555254
铁路、船舶、航空航天和其他运输设备制造业	2510	68	9903	83900
电气机械和器材制造业	37804	4102	27513	388754
计算机、通信和其他电子设备制造业	24001	5715	54951	964534
仪器仪表制造业	3140	192	5257	74853
其他制造业				4566
废弃资源综合利用业			1225	9340
金属制品、机械和设备修理业			148	3716
电力、热力、燃气及水生产和供应业	**719**		**6189**	**610833**
电力、热力生产和供应业	719		5692	589510
燃气生产和供应业			232	8384
水的生产和供应业			265	12940

2-9-7　分行业国有控股工业企业技术获取和技术改造情况

单位：万元

行　　业	引进技术经费支出	消化吸收经费支出	购买境内技术经费支出	技术改造经费支出
合　计	**1748916**	**501612**	**2033996**	**17214906**
采矿业			**5690**	**733841**
煤炭开采和洗选业			4545	634973
石油和天然气开采业				122
黑色金属矿采选业			865	20763
有色金属矿采选业			280	69091
非金属矿采选业				8093
开采及其他辅助性活动				800
制造业	**1748147**	**501612**	**1624180**	**14388613**
农副食品加工业			861	19359
食品制造业			283	34287
酒、饮料和精制茶制造业	7	191	16170	477799
烟草制品业	32684	55	258260	985673
纺织业			307	9058
纺织服装、服饰业				656
皮革、毛皮、羽毛及其制品和制鞋业				
木材加工和木、竹、藤、棕、草制品业	123	571		1180
家具制造业				433
造纸和纸制品业			1	67382
印刷和记录媒介复制业	63		6900	11541
文教、工美、体育和娱乐用品制造业	330	3967		32
石油加工、炼焦和核燃料加工业	26345	3373	44567	2320527
化学原料和化学制品制造业	6493	156	31701	1228518
医药制造业	584	34116	54104	172240
化学纤维制造业				65593
橡胶和塑料制品业	5313		97	51386
非金属矿物制品业			13924	276550
黑色金属冶炼和压延加工业	92014	1972	810465	3828455
有色金属冶炼和压延加工业	3179	159	8919	1013919
金属制品业	252	1	1380	118748
通用设备制造业	72046	2449	33333	561744
专用设备制造业	43	1830	15190	255870
汽车制造业	1406893	435264	44958	1285468
铁路、船舶、航空航天和其他运输设备制造业	86026	5865	200191	137382
电气机械和器材制造业	10009	122	10795	123182
计算机、通信和其他电子设备制造业	5742	11522	19182	1243837
仪器仪表制造业			910	20281
其他制造业				
废弃资源综合利用业				12384
金属制品、机械和设备修理业			51684	65131
电力、热力、燃气及水生产和供应业	**769**		**404127**	**2092452**
电力、热力生产和供应业	769		403357	1996840
燃气生产和供应业			232	57789
水的生产和供应业			538	37823

2–9–8　分行业内资工业企业技术获取和技术改造情况

单位：万元

行　　业	引进技术经费支出	消化吸收经费支出	购买境内技术经费支出	技术改造经费支出
合　计	**976067**	**131392**	**4149295**	**27957470**
采矿业			**10523**	**1000115**
煤炭开采和洗选业			8248	868202
石油和天然气开采业				3018
黑色金属矿采选业			873	23261
有色金属矿采选业			287	78352
非金属矿采选业			1116	26355
开采及其他辅助性活动				926
制造业	**975297**	**131392**	**3734570**	**24907993**
农副食品加工业	791	5	27779	214302
食品制造业	4392	1415	7029	185795
酒、饮料和精制茶制造业	1645	424	44470	560946
烟草制品业	32684	55	258260	989508
纺织业	2122	105	2796	179215
纺织服装、服饰业	297		2665	153508
皮革、毛皮、羽毛及其制品和制鞋业			289	13543
木材加工和木、竹、藤、棕、草制品业	183	571	1420	34681
家具制造业	83		746	53669
造纸和纸制品业	357	338	956	196329
印刷和记录媒介复制业	1559		9869	118253
文教、工美、体育和娱乐用品制造业	493	4053	3106	71568
石油加工、炼焦和核燃料加工业	23028	3735	16073	2177452
化学原料和化学制品制造业	28545	738	74677	2334823
医药制造业	115736	43203	285123	852024
化学纤维制造业	9604		4671	130037
橡胶和塑料制品业	9215	114	10479	440119
非金属矿物制品业	3372	12	30146	779645
黑色金属冶炼和压延加工业	151072	34232	897111	5280628
有色金属冶炼和压延加工业	3219	159	33894	1267625
金属制品业	4879	1421	22574	705165
通用设备制造业	52064	1977	77546	1249535
专用设备制造业	13691	2261	41905	616311
汽车制造业	64665	6017	147739	1246597
铁路、船舶、航空航天和其他运输设备制造业	76170	5865	203253	302387
电气机械和器材制造业	94989	7248	197071	1476932
计算机、通信和其他电子设备制造业	277130	17253	1313263	3064760
仪器仪表制造业	1660	192	14078	137857
其他制造业	1596		2280	14519
废弃资源综合利用业			831	40495
金属制品、机械和设备修理业	57		2475	19765
电力、热力、燃气及水生产和供应业	**769**		**404202**	**2049363**
电力、热力生产和供应业	769		403401	1962286
燃气生产和供应业			232	49698
水的生产和供应业			569	37379

2-9-9 分行业港澳台商投资工业企业技术获取和技术改造情况

单位：万元

行业	引进技术经费支出	消化吸收经费支出	购买境内技术经费支出	技术改造经费支出
合计	**99330**	**7296**	**332454**	**2578165**
采矿业				**15**
煤炭开采和洗选业				15
制造业	**99330**	**7296**	**330948**	**2491770**
农副食品加工业	116		90	6116
食品制造业	1670		373	48503
酒、饮料和精制茶制造业	4025	267	7446	18647
烟草制品业				
纺织业	1348		5550	31337
纺织服装、服饰业			218	12894
皮革、毛皮、羽毛及其制品和制鞋业			81	659
木材加工和木、竹、藤、棕、草制品业			5	415
家具制造业			541	21683
造纸和纸制品业			615	23101
印刷和记录媒介复制业			1668	24799
文教、工美、体育和娱乐用品制造业			2	14704
石油加工、炼焦和核燃料加工业	3908		31134	288672
化学原料和化学制品制造业	939		2587	82571
医药制造业	5746		97135	151752
化学纤维制造业				9695
橡胶和塑料制品业			8301	119834
非金属矿物制品业	1875		11302	132616
黑色金属冶炼和压延加工业		1870	528	274801
有色金属冶炼和压延加工业	672	511	171	19684
金属制品业	5952	1	30735	61678
通用设备制造业	409		528	117490
专用设备制造业	41425	669	1652	29674
汽车制造业	5622	320	1922	259922
铁路、船舶、航空航天和其他运输设备制造业	9228	3003	13781	12921
电气机械和器材制造业	3328	657	26261	121721
计算机、通信和其他电子设备制造业	13070		36652	506319
仪器仪表制造业			1264	41763
其他制造业				3731
废弃资源综合利用业			1200	3493
金属制品、机械和设备修理业			49209	50578
电力、热力、燃气及水生产和供应业			**1507**	**86380**
电力、热力生产和供应业			1507	85510
水的生产和供应业				871

2-9-10 分行业外商投资工业企业技术获取和技术改造情况

单位：万元

行业	引进技术经费支出	消化吸收经费支出	购买境内技术经费支出	技术改造经费支出
合 计	**2827041**	**462377**	**236829**	**2788683**
制造业	**2827041**	**462377**	**236829**	**2747288**
农副食品加工业	873			12172
食品制造业	2173		51186	56645
酒、饮料和精制茶制造业		3	260	6610
烟草制品业				
纺织业	1596	546		23055
纺织服装、服饰业			31	397
皮革、毛皮、羽毛及其制品和制鞋业				2011
木材加工和木、竹、藤、棕、草制品业				
家具制造业				166
造纸和纸制品业	148			7730
印刷和记录媒介复制业			53	3373
文教、工美、体育和娱乐用品制造业	935		35	2847
石油加工、炼焦和核燃料加工业				568
化学原料和化学制品制造业	37793	2039	538	98942
医药制造业	16813		7046	47193
化学纤维制造业				11574
橡胶和塑料制品业	66080		219	26513
非金属矿物制品业	2569		2901	206757
黑色金属冶炼和压延加工业	7935		969	33625
有色金属冶炼和压延加工业	138		91	161564
金属制品业	6552		1900	59554
通用设备制造业	90328	2477	19758	87206
专用设备制造业	22930	5580	937	57945
汽车制造业	1541063	447087	64116	1020964
铁路、船舶、航空航天和其他运输设备制造业	14911		5292	10415
电气机械和器材制造业	60567	3965	2894	120073
计算机、通信和其他电子设备制造业	943598	680	70651	669961
仪器仪表制造业	3617		6835	18444
其他制造业	6423		1118	964
废弃资源综合利用业				
金属制品、机械和设备修理业				21
电力、热力、燃气及水生产和供应业				**41395**
电力、热力生产和供应业				24520
燃气生产和供应业				8585
水的生产和供应业				8290

2-9-11 各地区工业企业技术获取和技术改造情况

单位：万元

地区	引进技术经费支出	消化吸收经费支出	购买境内技术经费支出	技术改造经费支出
全国	**3902437**	**601065**	**4718579**	**33324317**
东部地区	3419626	568083	3154764	18201283
中部地区	178750	18803	682039	7100778
西部地区	227123	11902	753073	6046359
东北地区	76939	2277	128703	1975897
北京	109218	9	13315	92719
天津	20950		10394	190140
河北	7570	9	62601	721904
山西	554		10887	533647
内蒙古	2762	5813	403084	634455
辽宁	68827	1120	12889	670255
吉林	4447		87550	1008637
黑龙江	3665	1157	28264	297005
上海	824755	450627	473402	1805928
江苏	1107086	38599	294844	3606725
浙江	129176	4237	179335	2585238
安徽	51176	11646	126368	2072141
福建	182132	12982	247433	1112589
江西	4047	1770	37473	859306
山东	83370	31583	233278	3151882
河南	8075	200	102991	729853
湖北	89192	56	367740	1815735
湖南	25706	5131	36580	1090096
广东	951315	30038	1601767	4626463
广西	1016	1	84350	781382
海南	4055		38394	307696
重庆	169235	693	40216	461931
四川	12467	2136	47135	1149033
贵州			5443	202840
云南	15306	97	119119	440370
西藏				1586
陕西	18801		36399	427339
甘肃		20	16570	684622
青海	50			27050
宁夏			136	458997
新疆	7485	3143	622	776754

2-9-12 各地区大型工业企业技术获取和技术改造情况

单位：万元

地 区	引进技术经费支出	消化吸收经费支出	购买境内技术经费支出	技术改造经费支出
全 国	**3386648**	**553018**	**4007608**	**22447605**
东部地区	2962794	530154	2667426	10851608
中部地区	143023	10705	564839	5160540
西部地区	207465	10430	666183	4608785
东北地区	73365	1729	109160	1826673
北 京	91115		4466	37744
天 津	20552		7820	128893
河 北	5542		57401	514513
山 西	530		4113	456407
内蒙古	531	5479	399997	466655
辽 宁	65253	1120	8672	581903
吉 林	4447		81975	987905
黑龙江	3665	609	18514	256866
上 海	747990	448187	458453	1537324
江 苏	974316	18488	209408	2127485
浙 江	77389	500	75473	1105700
安 徽	20595	3936	87438	1380648
福 建	152294	7162	220564	809188
江 西	3879	1695	22342	640900
山 东	65234	31578	163727	1658717
河 南	6475		83793	571859
湖 北	88943	2	352640	1314759
湖 南	22601	5073	14515	795967
广 东	824308	24239	1440580	2646444
广 西	515		79540	608486
海 南	4055		29534	285601
重 庆	159756	92	1276	255050
四 川	11743	1643	24868	893856
贵 州			1339	152432
云 南	14542	55	116497	307449
西 藏				
陕 西	13117		26686	272653
甘 肃		20	15678	638229
青 海	50			22998
宁 夏				355753
新 疆	7210	3143	304	635222

2-9-13　各地区中型工业企业技术获取和技术改造情况

单位：万元

地　区	引进技术经费支出	消化吸收经费支出	购买境内技术经费支出	技术改造经费支出
全　国	**387349**	**36424**	**402393**	**6371152**
东部地区	358773	34589	270497	4295803
中部地区	8558	396	56781	1101740
西部地区	16627	1438	65728	872104
东北地区	3391		9388	101505
北　京	11894		5006	40369
天　津	57		1937	35030
河　北	1978	8	4038	119165
山　西			731	32353
内 蒙 古	2231	335	2602	126936
辽　宁	3391		1540	58724
吉　林			1550	15161
黑 龙 江			6298	27619
上　海	69623	2430	3832	192361
江　苏	100560	19695	42080	922872
浙　江	38419	1948	34083	943075
安　徽	5037	192	16726	410351
福　建	26896	5809	18824	200247
江　西			10162	105784
山　东	2019		52381	652567
河　南	1600	200	14990	90184
湖　北	232		4530	278116
湖　南	1690	4	9642	184953
广　东	107327	4699	104409	1180938
广　西	501		4282	117194
海　南			3907	9179
重　庆	7302	575	37170	137906
四　川	599	486	17663	160876
贵　州			1202	30603
云　南	42	42	443	31930
西　藏				
陕　西	5677		1957	100776
甘　肃			370	24388
青　海				1508
宁　夏			40	71097
新　疆	275			68891

2-9-14 各地区国有控股工业企业技术获取和技术改造情况

单位：万元

地区	引进技术经费支出	消化吸收经费支出	购买境内技术经费支出	技术改造经费支出
全国	**1748916**	**501612**	**2033996**	**17214906**
东部地区	1415349	492452	773830	6867550
中部地区	111882	1700	498555	4235743
西部地区	205572	5731	665007	4462661
东北地区	16113	1729	96604	1648952
北京	76896		5685	79709
天津	738		3648	115640
河北		8	2150	399303
山西			10378	423240
内蒙古			377528	563282
辽宁	8371	1120	8035	393423
吉林	4447		81975	994594
黑龙江	3295	609	6594	260935
上海	749201	441273	460974	1590002
江苏	5313	410	12551	884513
浙江	9207		8745	640575
安徽	18143		83739	1140006
福建	5864	5941	5061	220778
江西	3508	1695	20713	502909
山东	15760	29647	71222	1292240
河南	5699		14951	416705
湖北	82842	2	355195	946801
湖南	1691	3	13579	806082
广东	548464	15173	165452	1348660
广西	501		72969	659540
海南	3908		38341	296130
重庆	160520	575	24486	272229
四川	9157	1896	23832	779077
贵州			3486	165282
云南	14584	97	116808	205415
西藏				1390
陕西	13275		29078	331598
甘肃		20	16219	672211
青海	50			21490
宁夏			20	336181
新疆	7485	3143	582	454965

2-9-15 各地区内资工业企业技术获取和技术改造情况

单位：万元

地　区	引进技术经费支出	消化吸收经费支出	购买境内技术经费支出	技术改造经费支出
全　国	**976067**	**131392**	**4149295**	**27957470**
东部地区	778371	104123	2679361	13855235
中部地区	127969	13730	624743	6555044
西部地区	58955	11810	720787	5641276
东北地区	10772	1729	124404	1905915
北　京	3181	9	12256	75877
天　津	787		10346	182485
河　北	1	9	50440	670613
山　西	554		10887	533633
内蒙古	2231	5813	379930	612261
辽　宁	2660	1120	9976	627824
吉　林	4447		86165	981232
黑龙江	3665	609	28264	296860
上　海	122820	7035	464114	1234992
江　苏	143421	33076	226972	3057007
浙　江	65519	2809	137830	2256763
安　徽	45263	11646	119338	1982713
福　建	67916	12679	162637	859545
江　西	3630	1770	17645	823031
山　东	59443	31579	141474	2470099
河　南	7299	200	88470	683448
湖　北	68118	56	366360	1484394
湖　南	3105	57	22043	1047824
广　东	315283	16928	1464432	3025295
广　西	501		76794	610206
海　南			8860	22559
重　庆	4130	601	38748	299874
四　川	12355	2136	47135	1121186
贵　州			5347	195364
云　南	15196	97	119119	435984
西　藏				1586
陕　西	17007		36385	421180
甘　肃		20	16570	684197
青　海	50			27050
宁　夏			136	455660
新　疆	7485	3143	622	776728

2-9-16 各地区港澳台商投资工业企业技术获取和技术改造情况

单位：万元

地 区	引进技术经费支出	消化吸收经费支出	购买境内技术经费支出	技术改造经费支出
全 国	**99330**	**7296**	**332454**	**2578165**
东部地区	97082	7296	314588	2278499
中部地区	776		15651	103566
西部地区	1389		286	186921
东北地区	83		1930	9179
北 京			9	14732
天 津	116		43	4136
河 北	5542		8022	14964
山 西				15
内蒙古			100	17944
辽 宁	83		1930	9179
吉 林				
黑龙江				
上 海	2703		1603	101273
江 苏	49728	1980	46322	232441
浙 江	5259		36918	169726
安 徽			18	27843
福 建	2338	300	35385	168794
江 西			80	3445
山 东	5980		88272	507288
河 南	776		14521	23917
湖 北			128	34881
湖 南			904	13466
广 东	21508	5016	68481	780009
广 西			90	7638
海 南	3908		29534	285137
重 庆	1389			138332
四 川				12393
贵 州			96	7346
云 南				2818
西 藏				
陕 西				
甘 肃				424
青 海				
宁 夏				
新 疆				26

2-9-17　各地区外商投资工业企业技术获取和技术改造情况

单位：万元

地　　区	引进技术经费支出	消化吸收经费支出	购买境内技术经费支出	技术改造经费支出
全　　国	**2827041**	**462377**	**236829**	**2788683**
东部地区	2544174	456664	160815	2067550
中部地区	50004	5073	41645	442168
西部地区	166779	92	32001	218162
东北地区	66084	548	2368	60803
北　　京	106037		1050	2110
天　　津	20047		4	3519
河　　北	2027		4140	36327
山　　西				
内 蒙 古	531		23054	4249
辽　　宁	66084		983	33252
吉　　林			1385	27405
黑 龙 江		548		145
上　　海	699232	443592	7685	469663
江　　苏	913937	3543	21550	317276
浙　　江	58398	1428	4588	158750
安　　徽	5913		7012	61585
福　　建	111878	3	49411	84250
江　　西	416		19748	32830
山　　东	17947	4	3532	174496
河　　南				22488
湖　　北	21075		1253	296460
湖　　南	22601	5073	13633	28806
广　　东	614523	8094	68855	821159
广　　西	515		7466	163538
海　　南	148			
重　　庆	163716	92	1468	23725
四　　川	112			15454
贵　　州				131
云　　南	111			1568
西　　藏				
陕　　西	1794		14	6159
甘　　肃				
青　　海				
宁　　夏				3337
新　　疆				

附录 主要指标解释

主要指标解释

研究与试验发展(R&D) 指为增加知识存量（也包括有关人类、文化和社会的知识）以及设计已有知识的新应用而进行的创造性、系统性工作，包括基础研究、应用研究和试验发展三种类型。国际上通常采用R&D活动的规模和强度指标反映一国的科技实力和核心竞争力。

R&D人员 指报告期R&D活动单位中从事基础研究、应用研究和试验发展活动的人员。包括直接参加上述三类R&D活动的人员，以及与上述三类R&D活动相关的管理人员和直接服务人员，即直接为R&D活动提供资料文献、材料供应、设备维护等服务的人员。不包括为R&D活动提供间接服务的人员，如餐饮服务、安保人员等。

R&D人员全时当量 指报告期R&D人员按实际从事R&D活动时间计算的工作量，以“人年”为计量单位。为国际上比较科技人力投入而制定的可比指标。

R&D经费支出 指报告期调查单位内部为实施R&D活动而实际发生的全部经费，按支出性质分为日常性支出和资产性支出。不包括调查单位委托其他单位或与其他单位合作开展R&D活动而转拨给其他单位的全部经费。

R&D经费支出中政府资金 指R&D经费支出中来自于各级政府财政的各类资金，包括财政科学技术支出和财政其他功能支出的资金用于R&D活动的实际支出。

R&D经费支出中企业资金 指R&D经费支出中来自于企业的各类资金。对企业而言，企业资金指企业自有资金、接受其他企业委托开展R&D活动而获得的资金，以及从金融机构贷款获得的开展R&D活动的资金；对科研院所、高校等事业单位而言，企业资金是指因接受从企业委托开展R&D活动而获得的各类资金。

新产品销售收入 指报告期企业销售新产品实现的销售收入。新产品是指采用新技术原理、新设计构思研制、生产的全新产品，或在结构、材质、工艺等某一方面比原有产品有明显改进，从而显著提高了产品性能或扩大了使用功能的产品。既包括经政府有关部门认定并在有效期内的新产品，也包括企业自行研制开发，未经政府有关部门认定，从投产之日起一年之内的新产品。

技术改造经费支出 指报告期内企业进行技术改造而发生的费用支出。技术改造指企业在坚持科技进步的前提下，将科技成果应用于生产的各个领域（产品、设备、工艺等），用先进工艺、设备代替落后工艺、设备，实现以内涵为主的扩大再生产，从而提高产品质量、促进产品更新换代、节约能源、降低消耗，全面提高综合经济效益。

购买境内技术经费支出 指报告期内企业购买境内其他单位科技成果的经费支出。包括购买产品设计、工艺流程、图纸、配方、专利、技术诀窍及设备的费用支出。

引进境外技术经费支出 指报告期内企业用于购买国外或港澳台技术的费用支出，包括产品设计、工艺流程、图纸、配方、专利等技术资料的费用支出，以及购买设备、仪器、样机和样件等的费用支出。

引进境外技术的消化吸收经费支出 指报告期内企业引进国外或港澳台技术的消化吸收经费支出。引进技术的消化吸收指对引进技术的掌握、应用、复制而开展的工作，以及在此基础上的创新。引进技术的消化吸收经费支出包括：人员培训费、测绘费、参加消化吸收人员的工资、工装、工艺开发费、必备的配套设备费、翻版费等。